잘해주고 욕먹는

당신에게

잘해주고 욕먹는 당신에게

오시마 노부요리 지음

이건우 옮김

푸른숲

계속해서 보람 없는 인생을 사시겠습니까?

한 여성이 사람들과 쉽게 친해지기 어렵다며 상담을 받으러 왔습니다. 이야기를 들어보니 직장 동기들은 하나둘 승진하는데 자신만 여전히 제자리에 머물러 있다고 합니다. 도움이 필요한 동료를 도와주었는데도 고마워하기는커녕, 모두 자신이 이뤄낸 성과인 것처럼 여긴다고 하네요. 그런데도 누군가 부탁을 해오면 거절하지 못하고, 심지어 자신이 맡은 일보다도 먼저 처리했다고 합니다. 자신을 희생하면서까지 모두를 위해 애썼지만 어느새 자기만 빼놓고 다 퇴근해버려서 소외감을 느꼈습니다. 다 같이 회식을 갈 때도 왠지 자신만 쏙 빼놓아 홀로 남아 일한 적도 많았다고 하네요.

연애를 할 때도 자신은 연인에게 최선을 다하는데 너무

나도 냉담한 반응이 돌아와 기분이 상했다고 합니다. 다른 사람 앞에서는 활짝 웃다가도 자신과 있으면 무표정해지는 연인에게서 마음이 점점 멀어졌습니다. 이렇게 되면 관계도 오래 지속되지 못합니다.

괴로운 심경을 친구에게 털어놓았더니 "넌 너무 착해서 탈이라니까. 적당히 해야지"라는 충고가 돌아왔습니다. 그래서 이제 좋은 사람은 그만두겠다는 마음가짐으로 직장에 나갔지만, 도움이 필요한 사람이 보이자 어느새 또 그를 도와주고 있었습니다.

좋은 사람은 좋은 사람이 될수록 손해를 보며, 차별 대우나 미움을 받게 됩니다. 그렇지만 좋은 사람을 그만두면 모두 자신에게서 멀어지는 것은 아닐까 걱정되어 마음대로 그만두지 못합니다. 실은 거의 반사적으로 좋은 사람이 되어버리는 거라 스스로 제어할 수가 없습니다. 좋은 사람이 되지 않겠다고 굳은 결의를 다지더라도 상대의 반응이나 태도를 살피고는 곧장 좋은 사람으로 되돌아옵니다.

결국 스스로 어떻게 할 수 없는 일이라 생각하고 고민에 빠집니다. 사람들에게 상처를 주거나 잘못을 저지르는 것은 아니니 별일이 아니라고 생각하기 쉽지만, 좋은 사람이 되면 분명 인간관계에서도 자신의 인생에서도 손해를 봅니다. 그런데도 좋은 사람은 "남에게 폐를 끼치지 않으니까 괜찮아!"라며 체념하고 합리화합니다.

처음에 소개한 여성은 자신의 의지로 좋은 사람에서 벗어나기 어려워했지만 저에게 상담을 받고 어느 틈엔가 좋은 사람에서 벗어날 수 있었습니다. 그러자 직장 내 분위기가 바뀌며 팀워크가 살아났고 생산 효율도 올라갔습니다. 게다가 언제나 자신을 차갑게 대하던 연인의 180도 달라진 태도를 보고는 깜짝 놀랐습니다. 좋은 사람이 되어 무척이나 신경 쓰던 때는 상상도 못 해본 만큼 그는 그녀를 상냥히 대해주었습니다.

좋은 사람을 그만두니 자신을 불쾌하게 만들던 사람들이 멀어지고, 진정으로 이해해주는 사람만 남았습니다. 그제야 좋은 사람이 되는 바람에 오히려 인간관계에 발목이 잡혀 있었다는 사실을 깨달았습니다. 좋은 사람을 그만두자 몸도 마음도 너무 가뿐해져 삶을 즐길 수 있게 되었기 때문입니다.

만일 이 여성이 그대로 좋은 사람으로 남았다면 어땠을까요? 분명 지금까지도 자신을 희생해가며 직장에서는 남의 일을 대신하고, 차가운 연인에게는 최선을 다하며, 기분 나쁘게 구는 친구를 위해 애쓰는 생활이 이어지지 않았을까요? 어쩌면 이 책을 읽고 계신 여러분에게도 해당되는 사례가 있을지 모르겠습니다. 이 책은 너무 남에게만 맞추려다 보니 지쳐버렸거나, 자기중심적으로 살아가기 어려워하는 분을 위해 썼습니다.

미움받을까 봐 두렵나요?
남을 위해 무언가 하지 않으면 불안한가요?
모두 다 지나친 생각입니다.
그러지 않더라도 당신은 이미 사랑받을 가치가 충분한 사람입니다.

"남에게 딱히 신경 쓰지 않아도 된다고? 말도 안 돼."
이런 의문을 갖는 분도 계시겠지요. 하지만 책을 끝까지 읽으시면 분명 이해하실 수 있을 겁니다. 앞서 소개한 여성은

"좋은 사람인 척하지 않았더니 오히려 모든 일이 잘되더라고요!"라며 웃는 얼굴로 말했습니다. 좀처럼 좋은 사람을 그만둘 수 없던 사람이, 좋은 사람이 고통받는 이유와 탈출할 수 있는 간단한 요령을 깨닫고는 더 이상 좋은 사람인 척하지 않게 되었습니다. 이렇게 스스로 자유로워지면 주위 사람까지도 자유로이 살아가게 됩니다. 부디 이 책을 읽는 여러분도 가뿐한 마음으로 사는 인생의 즐거움을 맛보시기 바랍니다.

오시마 노부요리

목차

1

좋은 사람이 될수록 미움받는 세상

당신을 고민하게 만드는
인간관계의 항상성

인간관계가 괴로운 데는 여러 원인이 있습니다. 그중에서도 가장 중요한 원인이 바로 항상성입니다. 항상성은 사람이 갖고 있는 기능 중 하나로, 중심으로 되돌아오는 힘을 말합니다. '활기참'이라는 긍정적인 상태가 되었을 때 들뜬 마음을 안정시키기 위해 '우울함'이라는 부정적인 감정이 생겨나죠. 이런 마음의 조화도 항상성에서 비롯됩니다.

한 예로, 즐겁게 술을 마시고 왁자지껄 논 다음 날 아침에 "역시 이렇게까지 놀 건 아니었는데……"라며 괴로워하는 것도 즐거움을 괴로움으로 중화하는 작용입니다. 무언가 즐거운 일이 있을 때 갑자기 안 좋은 일이 일어나면 어쩌지 하는 불안한 마음이 늘곤 하지요? 이 역시 머릿속에서 원상태로 돌아오려는 항상성이 작용하기 때문입니다. 반대의 경우도 마찬가지입니다. 기운이 없다가도 시간이 지나면 조금씩 회복하는 성질 역시 항상성이 작용하는 데서 기인합니다. 이러한 항상성이 인간관계에서도 작용한다는 사실을 많은 사람이 모르고 있습니다.

저는 스트레스와 관련한 인간의 호르몬 작용에 관심이 많아 관련 연구를 진행한 적이 있습니다. 갑자기 자동차 경적이 크게 울리면 짜증이 나는 것은 굉음이 울리는 순간 스트레스 호르몬 수치가 높아지기 때문입니다. 스트레스 호르몬이 분비되면 상대와 싸우거나, 반대로 도망가기 위해 몸과 마음이 준비를 합니다. 스트레스 호르몬이 분비되어 짜증이 나면 심박 수가 올라가고 근육이 수축해 내키는 대로 움직일 수 있는 상태가 됩니다.

그러나 사람에 따라서는 곧바로 스트레스 호르몬이 분비되지 않거나 적게 분비되는 경우도 있습니다. 그러면 당시에는 반응하지 못하다가 시간이 지난 후에야 "그때 제대로 말했어야 했는데!" 하고 후회가 밀려옵니다. 그리고 좀처럼 화가 가라앉지 않습니다.

언젠가 남편이 자주 화를 내고 도무지 분을 삭이지 못한다며 한 부부가 상담을 받으러 왔습니다. 남편의 태도가 불량해서 옆에 앉은 아내가 계속 주의를 줬습니다. 스트레스 자극 검사를 해보니 아니나 다를까 자극을 받았을 때 아내는 스트레스 호르몬이 정상적으로 분비되는 반면, 남편은 스트레스 호르몬이 잘 분비되지 않았습니다. 그래서 남편만 스트레스 호르몬이 제때 분비되도록 치료를 시작했습니다.

그로부터 수개월 후 다시 부부가 상담을 받으러 왔을 때는 놀랄 만큼 입장이 역전되어 있었습니다. 아내가 불량한 태도와 거친 말투로 이야기하는 반면, 옆에 앉은 남편은 허리를 곧게 펴고 성실하게 대답하는 좋은 사람이 되어 있었습니다. 다시 검사를 해보니 이전과 결과가 정반대로 나와 큰 충격을 받았습니다. 좋은 사람이었던 아내는 스트레스 호르몬이 나오지 않았고, 오히려 남편이 자극에 제대로 반응하여 스트레스 호르몬이 정상적으로 분비되었습니다. 이 부부를 통해 인간관계에도 항상성이 있다는 사실을 깨달았습니다. 다른 예로 아이가 착한 아이가 되어 침착한 반응을 보이면 그때부터 엄마의 반응이 이상해지는 결과가 나오기도 했습니다. 즉, 개인의 체내 호르몬 균형에서뿐만 아니라 인간관계에서도 항상성이 작용하는 것입니다.

그러므로 여러분이 주변을 배려하는 좋은 사람이 되면 상대방은 여러분을 쥐고 흔드는 나쁜 사람이 되어 균형을 맞추려 합니다. 여러분이 좋은 사람으로 머무는 한 상황은 점점 악화됩니다. 결국 '왜 항상 다른 사람들이 내 발목을 잡을까?'라며 인간관계에서 괴로움을 겪게 됩니다.

조금 전에 예로 들었던 부부가 처음 상담을 받으러 왔을 때는 아내가 좋은 사람이 되어 남편에게 되도록 친절히 대하려고 했습니다. 그러자 남편은 점점 나쁜 사람이 되어갔습니다. 반대로 남편이 열심히 일해서 가족을 부양하자고 마음먹자, 이번에는 아내가 집안을 돌보지 않는 나쁜 사람이 되었습니다. 이렇듯 상대방을 위해 좋은 사람이 되면 상대방은 오히려 균형을 맞추기 위해 발목을 잡는 나쁜 사람이 되어버립니다. 다시 말해, 좋은 사람으로 남아 있으면 있을수록 상대는 자연스레 균형을 맞추려 나쁜 사람이 되어가기 때문에 인간관계가 힘들어집니다.

내가 좋은 사람이 되면
상대는 나쁜 사람이 된다

좋은 사람은 상대방도 내 선의를 알아줄 것이라고 쉽게 착각합니다. 예를 들어, 좋은 사람인 아내는 어질러놓은 물건을 정리하면 남편이 분명 기뻐할 것이라 생각하고 청소를 합니다. 자신이 남편을 위해 물건을 치웠다는 사실을 남편도 알아줄 것이라고 생각합니다. 하지만 집에 돌아온 남편은 불쾌한 얼굴로 "내 물건 어디에 치웠어?"라며 화를 냅니다. 자신이 방을 어질러놓은 벌로 아내가 물건을 숨겼다고 받아들인 것입니다. 아내는 남편이 대체 왜 이런 반응을 보이는지 의아해합니다. 그리고 '당신을 위해 한 일이라는 걸 분명 알아줄 거라 생각했는데……'라며 상처를 받습니다.

의도가 전해지지 않은 상태에서 상대가 알아줄 것이라

오해하고는 '왜 내 기분은 몰라주는 거야!'라며 상처를 받습니다. 상대방이 나쁜 사람이 되어 선의로 베푼 행동을 악의로 받아들인 줄도 모르고 '왜 저렇게 반응할까?'라며 괴로워하게 됩니다. 이심전심이라는 말을 떠올리고는 자신의 생각이 상대방에게 전해질 것이라고 단단히 오해합니다.

물론 인간관계에서도 항상성이 작용하여 균형을 잡기 때문에 상대방에게 무언가 전해지기는 합니다. 다만 내 선의가 상대방에게 전해지더라도 마찬가지로 항상성이 균형을 잡기 때문에 상대는 자연스레 나쁜 사람 역을 맡아 이를 악의로 받아들이게 됩니다. 그럼에도 선의로 한 일이니 그 마음이 상대에게 전해질 것이라고 너무나 쉽게 생각해버리고 맙니다. 그 결과, 예상과 다른 상대의 반응에 괴로워하게 됩니다.

상담자 한 분을 예로 들어보겠습니다. '옷매무새를 조금만 바르게 하면 고객에게 더 좋은 인상을 줄 수 있을 텐데……'라는 생각에 직장 동료에게 조언을 한 사람이 있었습니다. 그러자 동료는 자기가 지저분하다는 뜻이냐며 화를 내고는 그 사람을 무시하기 시작했습니다. 조언하는 단계에서 상대를 도우려는 선의가 분명히 전해질 거라고 오해해버린 바람에 생긴 일입니다. '평소 내 태도를 고려하면 당신을 깎아 내리려는 마음은 눈곱만큼도 없다는 걸 분명 알아주겠지?'라고 생각한 것입니다. 하지만 실제로는 항상성이 작용하므로 좋은 사람이 되는 순간 상대방은 나쁜 사람이 되어 부정당한 다고 느끼고 좋은 사람을 괴롭힙니다.

부모 자식 사이에서도 항상성이 작용하므로 '부모니까 (혹은 자식이니까) 이해해주겠지?'라는 예상은 보기 좋게 빗나 가버립니다. 금전 문제로 자식이 힘들어할 때 좋은 부모는 어떻게든 자식이 다시 회복하기를 바라며 돈을 건넵니다. 그러면 자식은 나쁜 사람이 되어 좋은 사람의 의도와는 달리 '역시 나를 구제불능이라고 생각하니까 돈으로 해결하려는 거야. 내가 이렇게 된 것도 다 저들 때문이니 당연히 받아야지'라고 생각합니다. 그리고 회복은커녕 받은 돈을 탕진하고 더 깊은 수렁으로 빠져듭니다. 결국 부모는 자식에게 배신당했다며 상처를 입습니다.

좋은 사람은 상대방의 행동을 가능한 한 좋은 쪽으로 해석하고 무엇이든 선의로 받아들이기에, 상대방도 자신처럼 나를 이해해줄 것이라 생각합니다. 하지만 내가 좋은 사람이 되면 상대방은 균형을 맞추기 위해 자연스레 반대편에 서서 나를 이해해주지 않는 현상이 일어납니다. 내가 좋은 사람이 되면 될수록 상대방은 의도를 알면서도 순수하게 받아들이지 않고, 오히려 정반대의 태도를 취해 좋은 사람을 괴롭힙니다. 자신의 선의를 상대방이 알아주기를 바란다면 도리어 고통받기 쉽습니다.

혹시 상대가 나를 이해한다고 느껴지면 더욱더 좋은 사람이 되려고 하지는 않으신가요? 이런 사고방식은 "사람은 본래 선하다"라는 성선설에 기인합니다. 내가 좋은 사람이니 상대도 마찬가지로 내 의도를 알아줄 거라 생각한 것입니다. 일대일의 관계에서는 성선설이 성립하는 경우가 더러 있을지도 모르지만, 여러 사람이 얽히면 반드시 균형을 맞추려는 항상성이 작용하여 생각지도 못한 반응에 상처받고 괴로워하게 됩니다.

잘되라고 한 일이
나쁜 결과를 가져오는 이유

인간관계에는 항상성이 작용하므로 좋은 사람과 균형을 맞추기 위해 상대방이 나쁜 사람 역을 맡게 됩니다. 좋은 사람은 그런 사실을 모르기 때문에 "어째서 이렇게 당신을 배려하는데도 몰라주는 거야?"라며 화를 냅니다. 선의를 이어받아 자신처럼 좋은 사람이 되려고 하지 않는 상대방에게 화가 나서 실제로 다투기도 합니다. 결국 좋은 사람은 "왜 몰라주는 거야!" "어째서 그렇게 간단한 일도 못 하는 거야!"라며 난폭하게 변합니다. 난폭해진 시점에서 좋은 사람이 아니게 되지만 자신은 상대방을 배려하고 있다고 자부하므로 상대방을 바꾸려는 난폭한 행동을 멈추지 못합니다.

어떤 분은 이사 온 이웃이 정해진 규칙에 따라 쓰레기를 내놓지 않자 다른 주민들에게 미움받을까 걱정이 되어 먼저 한마디했습니다. 기대와 달리 그 이웃은 불쾌하다는 듯한 태도를 보였습니다. 그런 태도를 보고서 "그런 식으로 행동하면 이 동네에서 살아가기 힘들어요"라고 주의를 주었습니다. 이웃과의 관계가 얼마나 중요한지 알려주려고 정중하게 이야기했는데, 상대방이 갈수록 불쾌한 태도를 보여서 끝내 화를 내고 말았습니다. 그러자 다른 이웃이 그에게 새로 이사 온 사람을 괴롭힌다고 뭐라고 하는 게 아니겠습니까? 이웃들과 잘 지내도록 도와주려 했는데 오히려 괴롭히는 사람 취급을 당한 것입니다. 게다가 소문마저 돌아 나쁜 사람이 되는 씁쓸한 경험을 했습니다.

내가 좋은 사람이 되면 균형을 맞추기 위해 상대방이 나쁜 사람이 되므로 내 의도는 제대로 전해지지 않습니다. 내가 상대방을 생각해서 좋은 사람이 되면 될수록 상대방도 점점 나쁜 사람이 됩니다. 그러면 상황을 개선시키고자 무언가 해야 된다는 생각이 들어 더욱 적극적으로 나서게 되고, 결국 상대방에게 화가 나게 됩니다.

집에서도 좋은 사람은 남편이 속내를 잘 털어놓지 않는 성향 탓에 직장 동료들에게 오해를 받지는 않을까 걱정합니다. 그래서 매사 조금 더 솔직하게 표현해달라고 부탁합니다. 하지만 아내가 좋은 사람이 되면 남편은 자연스레 반대편이 되기 때문에 "그냥 좀 내버려 둬!"라는 태도를 취합니다. 그러면 좋은 사람은 '난 당신을 생각해서 말하는 건데 도대체 왜……'라는 생각에 화가 치밀어 "그 따위로 구니까 아무도 당신을 상대해주지 않는 거야"라며 난폭하게 돌변합니다.

좋은 사람 중에는 '남편이 자신의 기분을 조금 더 적극적으로 표현한다면 직장에서도 인기가 더 많아질 텐데……'라고 생각해서 말을 꺼냈다가, 이내 상대방을 비난하는 태도로 돌변하는 경우가 많습니다. 갈수록 남편이 말귀를 못 알아듣는 사람으로 여겨져 관계마저 꼬여버립니다. 결국 남편이 불쾌한 태도를 취하면 좋은 사람은 더욱 난폭하게 공격하고, 관계는 더 이상 돌이킬 수 없어집니다. 좋은 사람은 상대방을 위한다고 생각하기 때문에 자신이 난폭하게 군다는 사실을 꿈

에도 생각지 못합니다. 오히려 자신의 의도를 순수하게 받아들이지 못하는 상대방에게 문제가 있다고 생각합니다. 상대방이 자신의 의도대로 움직이지 않으면 점점 난폭해져 결국 관계를 그르치고 맙니다.

이런 예는 부모 자식 사이에서 가장 뚜렷이 드러납니다. 좋은 사람이 된 부모가 '이래서 사회생활이나 제대로 할까?' 하는 생각에 "인사 좀 제대로 하렴!"이라고 꾸짖습니다. 그러나 자식과의 관계에서도 항상성이 작용하므로 자식은 말을 듣지 않습니다. 좋은 사람은 자식의 앞날이 걱정되어 "왜 이렇게 부모 말을 안 듣니!"라며 화를 내고 맙니다. 자식은 부모가 좋은 사람이 될수록 반대로 나쁜 사람이 되어 반항적인 태도를 보입니다. 좋은 사람은 더욱더 난폭해지지만 자식의 반항심 가득한 태도에만 초점을 맞추기 때문에 자신이 난폭하게 굴고 있다는 사실을 깨닫지 못합니다. 그리고 정신이 들었을 때는 이미 돌이킬 수 없는 관계가 되어버린 후입니다.

상대를 바꿀 수 있다는 만능감

부부 관계에서도 한쪽이 좋은 사람이 되면 오히려 사이가 나빠지는 현상이 일어납니다. 일반적으로 좋은 사람이 더 원만한 부부 관계를 구축할 것 같아 보이지만, 실제로는 반대로 골치 아픈 일이 생깁니다. 아내가 좋은 사람이 되면 될수록 남편은 인간관계에서 작용하는 항상성 때문에 나쁜 사람이 되어 스트레스를 줍니다. 스트레스로 인해 뇌가 자극을 받으면 아내에게는 자신이 남편을 어떻게든 바꿔야 한다는 만능감이 생겨납니다.

부부 관계뿐만 아니라 누구든 스트레스로 뇌가 자극을 받으면 만능감이 솟구칩니다. 만능감이란 자신은 무엇이든 알며 사람을 바꿀 수 있다고 느끼는 감각을 말합니다. 어른이 되어가며 그렇지 않다는 사실을 조금씩 깨닫지만, 스트레스에 노출된 상황에서는 어린아이처럼 만능감에 사로잡혀 상대방을 바꿀 수 있다고 생각합니다. 그러나 만능감을 가지고 상대방을 바꾸려고 해도 상대방은 바뀌지 않습니다. 이 때문에 오히려 스트레스만 커져 만능감이 부풀고 상대방을 한층 더 제어하려 들게 됩니다. 이 악순환이 계속되다 어느 순간 폭발하여 파괴적인 인격이 드러나며 "당신은 진짜 구제불능이야!"라고 상대방을 공격하고 관계를 파괴합니다.

남편이 좋은 사람이 되면 반대로 아내가 나쁜 사람이 됩니다. 그러면 좋은 사람인 남편은 나쁜 아내에게 스트레스를 받고는 자신이 어떻게든 아내를 바꿔야 한다는 만능감에 사로잡힙니다. 만능감에 사로잡혀 아내를 바꾸려고 하면 할수록 아내는 더욱 나쁜 사람이 되므로 결국 남편은 스트레스로 폭발하여 파괴적인 인격을 드러냅니다. 이때 욕설을 하는 등 직접 공격하지 않고 '수동 공격'이라는 방식으로 공격합니다.

'아내가 부탁을 세 가지 하면 한 가지는 무시한다.'

'한 귀로 듣고 한 귀로 흘린다.'

'아내가 말한 것을 무시하고 엉뚱한 일을 한다.'

이처럼 부탁받은 일을 하지 않거나 무시하는 등 수동적인 공격을 가합니다. 이런 수동 공격을 당하면 아내는 스트레스를 받습니다. 스트레스가 쌓여 남편에게 화를 내면서도 남편은 좋은 사람이니 자신이 나빴다며 스스로를 책망합니다. 결국 아내는 화를 속으로 삭이다 몸까지 망가져 움직이지도 못하게 됩니다. 남편은 밖에서도 좋은 사람이기에 주변 사람들은 아내가 이런 수동 공격을 당하고 있을 거라고는 상상도 못합니다. 그로 인해 아내는 주변 사람들에게도 나쁜 사람으로 인식되어 화병으로 몸을 가눌 수조차 없는 지경에 이릅니다.

또 다른 예로, 아내가 좋은 사람이면 남편이 제멋대로 행동하며 입에 담기 어려운 심한 말을 하기도 합니다. 아내는 그런 남편에게 스트레스를 받아 만능감에 사로잡히고 맙니다. 자신만이 이 사람을 받아들이고 이해할 수 있다고 생각합니다.

그러나 아내가 좋은 사람이 되면 될수록 남편은 더욱 제멋대로 굴고 난폭하게 행동하므로, 끝내 스트레스가 폭발해 수동 공격을 가하게 됩니다. 일부러 실수를 하거나 중요한 상황에서 무심하게 구는 등 남편이 화낼 만한 일을 계속해서 저지릅니다. 하지만 이미 폭발하여 파괴적인 인격으로 변한 상태이므로 자신이 일부러 그런다는 사실은 전혀 깨닫지 못합니다.

실수로 중요한 일을 깜빡 잊어 남편을 화나게 하고는 남편을 더 난폭한 인격으로 몰아가, 사회적으로 문제가 있는 사람처럼 만들어버리는 경우도 있습니다. 다른 사람이 왜 헤어지지 않냐고 물어도 스트레스로 인한 만능감에 사로잡힌 터라 남편에게는 자신이 꼭 필요하다는 생각에서 벗어나지 못합니다. 주위 사람들이 보기에는 좋은 아내 혹은 좋은 남편이기에 설마 이 사람이 상대방을 파괴하고 있다고는 생각하지 못합니다. 다들 파트너의 잘못이라고 결론짓지만, 자세히 들여다보면 스트레스를 받은 좋은 사람이 상대방을 갉아먹으며 파괴하고 있습니다. 하지만 좋은 사람은 자신이 어떤 상태인지 깨닫지 못하므로 상황을 제대로 이해하지 못합니다. 결국

'어쩌다가 나는 이런 사람과 함께 살기로 했을까?'라며 해결 책을 찾기보다 애초에 만난 사실 자체를 탓하게 됩니다. 그렇 게 관계가 파괴되어도 또 같은 일을 되풀이합니다.

좋은 사람은
부모에게 물려받는다

자신의 감정만을 추구하며 살면 스트레스는 쌓이지 않습니다. 다른 사람의 감정에 신경을 쓰는 순간 자신의 감정에 소홀해지면서 스트레스가 쌓이기 시작합니다. 스트레스로 뇌가 자극을 받으면 자신은 무엇이든 알고 있다는 만능감에 젖어 상대방을 제어하려 듭니다. 상대가 자신의 생각대로 움직이지 않으면 스트레스를 받고 결국 파괴적인 인격으로 변하여 상대방을 공격합니다.

부모 자식 사이에서도 마찬가지입니다. 직장이나 주변 사람들에게 존경받는 부모를 둔 사람에게는 더욱 험난한 고난이 기다립니다. 단순히 생각해봅시다. 부모가 좋은 사람이 되어 주변 사람들을 배려하다 보면 스트레스가 쌓인 채로 집에 돌아옵니다. 자식은 이런 부모의 감정 배출구가 되기 쉽습니다. 직접 설교를 하거나 꾸짖는 방식으로 공격하지 않더라도 자식을 무시하거나 관심을 가져주지 않는 등 일반적이라면 하지 않을 수동 공격으로 자식에게 정신적인 충격을 줍니다. 자식은 정신적으로 점점 쇠약해지고 파괴되어 갑니다.

또한 항상성이 작용해 부모가 좋은 사람이 될수록 자식은 나쁜 사람이 되는 상황도 문제입니다. 하지만 사람들은 "부모는 그렇게 훌륭한데 자식은 왜 저 모양일까?"라며 모든 문제 원인을 자식에게 돌립니다. 급기야 여기에 부응한 부모는 자식을 위해 무엇이든 할 수 있다는 만능감에 사로잡혀 아이를 바로잡으려고 합니다. 그러나 의도와 달리 항상성은 자식을 완전히 반대 방향으로 움직이도록 합니다. 결국 부모는 스트레스를 참지 못하고 폭발하여 "해도 적당히 해야지!"라며 자식에게 화를 내거나, 수동 공격으로 마음에 깊은 상처를 주어 관계를 무너뜨립니다.

어느 마을에 모두에게 존경받는 의사가 있었습니다. 그에게는 아들이 하나 있있는데 어느 날부터 등교를 거부했습니다.

아내 역시 원래 간호사였던 사람으로 이해심이 깊어, 정성을 다해 아들을 보살폈습니다. 하지만 정성을 쏟을수록 아들은 점점 더 밖으로 나가지 않았습니다. 집 안에 틀어박혀 온종일 컴퓨터 앞에만 앉아 있는 생활을 몇 년이나 지속하였습니다.

끝내 지쳐버린 엄마 대신 아빠가 돌봐보았지만 아들의 상태는 더욱 악화되었습니다. 급기야 사람을 무서워하게 되어 어떤 사람과도 이야기할 수 없는 지경에까지 이르렀습니다. 지쳐버린 부모는 결국 아들에게 신경을 끊고 일도 잠시 미뤄둔 채 해외로 여행을 떠났습니다. 그러자 지금까지 집 안에만 틀어박혀 있던 아들이 밖으로 나왔습니다. 이제껏 열심히 일하던 아빠가 주변 사람들이 걱정할 만큼 적당히 살기 시작하자, 아들이 밖에 나가 아르바이트를 하며 스스로 살길을 찾기 시작했습니다.

훌륭한 부모를 둬서 부럽다고 말하는 것이 자식에게는 오히려 부담스러울 때가 있습니다. 여기서도 항상성이 작용하여 자식은 좋은 부모와 반대로 나쁜 사람 역을 떠맡고는 고통스러워합니다. 그렇지만 부모도 자식도 이런 상황에 처해 있다는 사실을 깨닫지 못하므로 서로 스트레스를 받으며 고통에서 벗어나지 못합니다.

어떤 엄마는 봉사 활동에 열중하여 많은 사람들에게 존경받고 있었습니다. 아빠도 훌륭한 학교 선생님으로 재학생과 졸업생 모두에게 좋은 스승으로 존경을 받았습니다. 그러나 딸은 초등학교 때부터 공부에 집중하지 못하고 집단 따돌림을 당했습니다. 그리고 억지로 학교를 다니다가 이내 등교를 거부하기 시작했습니다. 보란듯이 훌륭한 부모와 균형을 맞춘 것입니다.

부모는 딸을 위한다는 생각으로 일하고, 봉사 활동 정신을 가르치기 위해 솔선수범하였습니다. 하지만 항상성이 작용하여 딸은 부모와 반대로 행동했습니다. 스트레스를 받은 부모는 딸에게 서서히 부정적인 영향을 끼치기 시작합니다. 그러다가 딸이 움직일 수조차 없게 되어서야 비로소 '아…… 좋은 사람을 그만둬야겠구나!' 하고 깨닫습니다. 이처럼 좋은 사람은 직장이나 친구 관계뿐만 아니라 때로는 부부나 부모 자식의 관계도 깨뜨리는 참으로 곤란한 존재입니다.

2

쾌/불쾌 스위치를 사용한다

쾌/불쾌 스위치는
잘 작동하고 있나요?

모두에게 친절히 대하는데도 왠지 자신만 겉돌고 있는 듯한 느낌이 들어 고민하는 사람이 많습니다. 모두 즐겁게 잘 지내는데 자신만 따로 겉도는 느낌이 들어 혹시 따돌림을 당하고 있는 건 아닌지 걱정하거나, 주위 사람들을 무척이나 신경 쓰는데도 친한 무리 안에 들어가지 못해 참담한 심정을 느끼기도 합니다.

이런 현상은 사람이 '쾌/불쾌'라고 하는 본능적 감각을 좇아 살고 있는지 아닌지에 따라 다르게 나타납니다. 즐거운 일만 하고, 즐겁지 않은 일은 하지 않는다면 스트레스가 쌓이지 않습니다. 집단에 속해 있으면서도 자신의 쾌/불쾌에 따라 움직이는 사람은 스트레스 없이 모두와 함께 즐겁게 살아갑니다. 하지만 좋은 사람은 주위 사람을 먼저 신경 쓰기 때문에 자신이 좋아하거나 싫어하는 것을 기준으로 행동하지 못합니다. '남들은 즐겁게 지내는데 나만 스트레스에 파묻혀 사는 게 아닐까?' 하는 생각에 결국 자신만 손해를 보고 있다고 느낍니다.

게다가 좋은 사람은 다른 사람들처럼 자신의 쾌/불쾌를 좇아 움직이지 않기 때문에, 모두가 즐거워하는 상황에서도 마음에서 우러나오는 웃음이 아닌 억지웃음을 짓습니다. 사람들은 그런 모습을 가식이라 느낍니다. 결국 속내를 드러내지 않는 사람으로 받아들여지고 무리에서 겉돌게 됩니다.

동호회에서 모두가 이야기꽃을 피우고 있을 때 자신도 끼고 싶어 이야기를 꺼내니 바로 대화가 끊어진다며 고민하는 사람의 이야기를 들어봅시다. 자신도 모르게 말실수를 한 건 아닐까 불안해 곰곰이 생각해봐도 이야기를 나눈 것 외에 특별히 잘못한 점은 없었습니다. "괜찮아요?" "오늘 기분 좋아 보이네요." 하고 사람들에게 말을 걸어도 아무도 상대해주지 않았습니다. 일이 끝나고 다 함께 차를 마시러 갈 때도 불러주지 않아 점차 외톨이가 되어 갔습니다. '친절히 대하려고 노력하는데도 왜 항상 나만 겉도는 걸까?'라는 생각에 문득 슬퍼졌습니다. 말하는 방식이나 화제에 접근하는 방식이 잘못된 것은 아닐까 싶어 스스로 이것저것 바꿔봤지만, 상대에게 맞추면 맞출수록 분위기는 이상해질 뿐이었습니다.

이렇게 된 건 좋은 사람이 되어 상대의 쾌/불쾌에 맞춰 행동했기 때문입니다. 자신의 쾌/불쾌에 따라 움직이거나 화제에 끼어들지 않으면 상대방에게 가식적으로 느껴집니다. 그러면 그들과 다른 사람으로 인식되어 겉돌기 마련입니다.

나이 지긋한 중년 남성이 여고생들 사이에 끼어들어 "맞아, 나도 그래"라고 말해봤자 "뭐야, 기분 나쁘게"라는 반응이 돌아오는 것과 마찬가지입니다. 진심에서 우러나오는 말로 "맞아, 나도 그래"라고 하면 "재미있는 아저씨네"라며 인정받을 수도 있지만, 여고생들 마음에 들기 위해 억지로 말을 지어내면 거부 반응이 돌아오는 것은 당연한 일입니다. 자신의 쾌/불쾌에 따라 행동하지 않으면 상대방이 바로 눈치채기 때문입니다. 자신의 쾌/불쾌에 따라 좋을 때만 반응하고, 싫을 때는 반응하지 말아봅시다. 그러면 주변 사람들이 동료로 받아들여주고 겉도는 일도 없어질 것입니다.

하지만 좋은 사람은 이렇게 행동하기 매우 어려워하고, 다른 사람의 쾌/불쾌를 살펴 거기에 맞추려고 합니다. 그리고 겉도는 느낌이 들면 동료들에게 버림받지 않기 위해 더더욱 좋은 사람을 그만두지 못합니다. 남들에게 맞춰 행동하는 동안에는 왠지 겉도는 것 같으면서도 무리에 속해 있는 느낌이 들기 때문입니다. 그래서 남에게 맞추지 않으면 주변에 아무도 남지 않게 될까 두려워 좋은 사람을 그만두지 못합니다.

그건 단지 쾌/불쾌 스위치가 제대로 작동하지 않아서 드는 착각입니다. 쾌/불쾌 스위치만 잘 작동시킨다면 얼마든지 좋은 사람에서 벗어날 수 있습니다. 오랫동안 자신의 쾌/불쾌 스위치를 사용하지 않았기 때문에 감각을 되찾는 데 시간이 조금 걸릴지도 모르지만, 스위치를 제대로 작동할 수 있게 되면 '남들은 이렇게 살고 있구나.' 하고 감탄하게 될 것입니다.

거절하지 않으면
상대는 내 기분을 알 수 없다

여행이나 출장에서 돌아오면 꼭 현지에서 사온 간식을 돌리고, 자신의 일이 아니더라도 동료의 일을 돕는 등 성실하게 회사 생활을 하는 사람이 있었습니다. 하지만 아무리 잘해줘도 사람들은 오히려 남에게 신경도 안 쓰는 사람을 더 살갑게 대했습니다. 보람이 없다는 생각이 들어 기분이 상했습니다.

'난 이렇게 노력하는데 왜 사람들은 내게 잘해주지 않을까?'

이처럼 서서히 불만이 차오르다가 더는 이 회사를 다닐 수 없겠다는 생각이 들어 퇴사를 고민하게 되었습니다. 얼마 후 상사에게 이직하고 싶다는 이야기를 꺼냈습니다. "자네가 그만두면 곤란하네"라는 반응을 기대했지만 "아, 그래?"라는 반응이 돌아올 뿐이었습니다. 결국 이런 사람 밑에서 더 이상 일하고 싶지 않아서 정말로 회사를 그만두었습니다.

대다수의 사람은 이와 비슷한 상황에서 자신의 쾌/불쾌 스위치에 따라 움직입니다. 하지만 좋은 사람은 '이렇게 행동하면 저 사람이 기뻐할까?' '저 사람에게 도움이 될까?' 등 상대방의 쾌/불쾌 스위치를 먼저 상상하며 행동합니다. 이렇게 되면 상대방은 좋은 사람의 쾌/불쾌 스위치의 반응을 알 수 없기 때문에 같은 사람으로 인식하지 않을 수도 있습니다.

쾌/불쾌 스위치가 없는 존재는 기계나 다름없습니다. 복사기가 지정한 수만큼 복사했다고 해서 감사해하는 사람은 아무도 없습니다. 복사기에게 감사해도 기쁨이라는 감정이 되돌아오지 않기 때문입니다. 좋은 사람 역시 평소에 상대방의 쾌/불쾌 스위치를 생각해서 행동하기 때문에, 상대방이 고마워하더라도 진정한 기쁨을 되돌려주지 못합니다. 점점 기계와 같은 취급을 받게 되고, 남을 도와주는 게 당연한 일이 되어버립니다. 누구는 일도 제대로 하지 않는데 사람들이 고마워하고, 자신은 최선을 다해도 아무도 고마워하지 않게 됩니다.

평소에 자신의 쾌/불쾌 스위치에 따라 행동하지 않았다면, 어떤 부탁을 받았을 때 싫다는 신호를 보내도 상대가 알아채지 못할 가능성이 높습니다. 거절했을 때 상대가 어떤 반응을 보일지 먼저 신경 쓰는 탓에 싫다는 감정이 강하게 전해지지 않아 점차 더 많은 일을 떠안게 됩니다. 게다가 싫은 일을 도맡아 하더라도 참고서 열심히 했다는 느낌이 전혀 전해지지 않습니다. 복사기가 복사를 한 것처럼 당연한 일로 여겨집니다. 자신을 복사기 취급하는 상대방에게 항의해보아도 쾌/불쾌 스위치가 없는 존재로 인식되고 있기에 도리어 반감만 줍니다. 끝내 거절을 하더라도 싫다는 감정이 상대방에게 정확히 전달되지 않아 '왜 나만 차별하지?'라는 생각이 꼬리에 꼬리를 물고 이어져 결국 더 이상 일할 수 없다는 결론에 다다릅니다. 아무도 좋은 사람을 이해해주지 않고 진심으로 감사해하지 않기 때문에 자신만 점점 피폐해져 부채 의식에 파묻히고 맙니다.

좋은 사람이 부채 의식에서 빠져나오기 위해서는 하기

싫은 일을 안 해야만 합니다. 거절하면 상대방이 어떻게 생각할지는 전혀 신경 쓰지 말고, 자신이 하기 싫은 일을 하지 않다 보면 서서히 자신의 감각을 되찾을 수 있습니다. 남의 기분만 생각하다가 잃어버렸던 자신의 '불쾌' 감각을 되찾으면 진심으로 어떤 일을 해보고 싶다는 마음이 솟아나고, 그 마음으로 일에 임하면 이전과 달리 주위의 평가 또한 올라갑니다. 싫은 일을 딱 잘라 거절하면 상대방도 바로 받아들이며, 어쩔 수 없이 일을 맡으면 사람들이 진심으로 고마워합니다. 인생이 무척 아름답게 보이기 시작합니다.

하기 싫은 일을 딱 잘라 거절하면 자신의 감각을 되찾을 수 있습니다. 남의 기분을 생각해서 그 사람의 쾌/불쾌에만 초점을 맞추는 행위는 본능적으로 불쾌감을 줍니다. 그런 불쾌한 감정을 계속 품고 있으면 점점 감각이 마비되어 다른 사람처럼 쾌/불쾌를 판단할 수 없게 됩니다. 곧이어 제대로 된 대접이나, 사람 취급을 받지 못하고 있다는 생각에 다다릅니다.

일단 하기 싫은 일은 하지 않겠다는 마음가짐으로 살아가면 조금씩 기계에서 인간으로 돌아올 수 있습니다. 다른 사람들처럼 행복한 인생을 보낼 수 있습니다.

상대 중심으로 움직이면
쾌/불쾌 스위치가 오류를 일으킨다

자꾸만 나쁜 생각이 들어 좀처럼 잠들지 못하는 사람이 있습니다.

'괜히 쓸데없는 말을 했나?'

'그렇게 안 했더라면 괜찮았을까?'

'그 사람, 혹시 나를 미워하나?'

이처럼 항상 자기비판에 빠져 괴로워합니다. 기분을 달래기 위해 인터넷 영상을 보면서 감자칩을 마구 먹어치우며 시간을 낭비합니다. 빨리 자야겠다고 생각은 하지만 이런저런 고민이 떠올라 좀처럼 잠들지 못합니다. 그리고 아침에 최

악의 기분으로 일어나 억지로 출근합니다. 직장에 가면 모두에게 신경을 쓰며 고민거리 만들기를 되풀이합니다. 다른 사람들은 아무런 고민도 없어 보이는데 혼자만 고민에 빠진 것 같고, 아무리 시간이 흘러도 빠져나올 수 없을 것처럼 느껴집니다.

자, 주위 사람에게 신경을 쓴다는 것은 그 사람들의 쾌/불쾌 스위치를 중심으로 움직인다는 뜻입니다. 이때 "기본적 귀인 오류"가 발생합니다. 기본적 귀인 오류란 행동의 원인을 외부 요인이 아니라 사람의 성향이나 성격 같은 내부 요인에서 찾으려는 경향을 말합니다.

사람은 쾌/불쾌 스위치에 따라 움직이는데 그 스위치는 오직 본인만 알 수 있습니다. 그러므로 제삼자가 추측한다고 한들 근본적인 오류가 발생합니다. 예를 들어, 이야기하는 도중에 누군가가 하품을 했습니다. 그 사람은 그저 졸릴 뿐이었는데 이를 두고 '내 이야기가 재미없나 보구나'라며 잘못된 추측을 하고 고민에 빠집니다. 혹은 그저 배가 아파서 표정이 안 좋은 것일 뿐인데, 자신이 일을 잘 못해서 기분이 상한 것이라고 원인을 잘못 추측합니다. 이런 오해들로 인해 '이렇게 열심히 일하는데 대체 왜?'라며 억울해집니다. 기분이 좋거나 나쁜 이유는 오직 본인만 알 수 있는데도, 멋대로 추측하고 홀로 오류 속에서 고민을 늘린 것입니다.

좋은 사람은 오류가 일어난 상황에서도 자신이 남의 마음을 잘 읽는다고 믿기 때문에, 상대방의 기분을 풀어주기 위해 어떻게 하면 좋을지 고민하고 스스로 해결책을 강구합니다. 하지만 근본적인 원인부터 틀렸기 때문에 오히려 이상한 반응이 돌아옵니다. 상대방이 계속해서 이상한 반응을 보이면 거듭 다른 원인을 찾으려 끊임없이 고민하며 잠들지 못하는 밤이 이어집니다.

계속해서 다른 사람의 기분을 살피다가 괴로움에 빠진 사람이 해야 할 일은 타인의 기분은 알 수 없다는 사실을 깨닫고 더 이상 추측하지 않는 것입니다. 상대방이 기분 나쁜 듯한 표정을 지어도 진짜로 기분이 나쁜지 아닌지는 알 수 없으니 멋대로 그 사람의 기분을 추측하지 않도록 합시다. 어째서 좋은 사람은 자신의 쾌/불쾌도 제대로 모르면서 남의 쾌/불쾌를 알 수 있다고 생각할까요? 다른 사람의 감정보다 자신의 쾌/불쾌 스위치에 먼저 주목합시다. 남의 감정만 신경 쓰고 추측하던 때는 매사 복잡하게 생각했지만, 곧 아무 생각 하지 않아도 괜찮다는 사실을 깨닫게 됩니다. 그토록 많았던 고민들도 점점 사라지고 자신만의 시간을 제대로 쓸 수 있게 됩니다. 지금까지는 고민거리를 '해결'하기 위해 시행착오를 겪으며 시간을 낭비했지만, 고민할 필요 자체가 없어지면 자신이 진심으로 하고 싶은 일에 시간을 쏟을 수 있습니다. 그리고 인간관계에서 비롯되는 문제에 휘말리지 않아, 고민과 스트레스에서 해방된 자유로운 인생을 만끽할 수 있습니다.

상대의 쾌/불쾌 스위치에 맞추면 스트레스를 받는다

좋은 사람은 항상 다른 사람의 기분을 생각하고 신경 쓰기 때문에 스트레스를 받습니다. 뇌가 스트레스로 자극을 받으면 자신이 무엇이든 알고, 또 할 수 있다는 만능감이 솟구칩니다. 이 만능감이 강해지면 강해질수록 타인의 기분을 잘 안다고 생각하여 멋대로 상대방의 기분을 추측하게 됩니다. 오류로 인해 굳이 없어도 될 고민거리를 만들어냅니다. 고민이 생겼으니 스트레스가 더 늘어나고, 뇌는 또 자극을 받고…… 악순환에 빠져듭니다.

좋은 사람이 되었을 때 뇌가 자극을 받는 또 다른 재미있는 패턴이 있습니다. 혹시 밖에 나갈 때마다 자주 사건에 휘말리시는 않나요? 사람은 긴장하는 사람 옆에 있으면 저도 모르게 같이 긴장하는 특징을 갖고 있습니다. 간혹 영향을 받지 않는 사람도 있지만, 영향을 받는 사람은 긴장하는 사람 옆에 있기만 해도 마치 자신이 긴장하는 듯한 기분을 느낍니다. 이는 상대방의 뇌를 따라하는 거울뉴런이라는 뇌세포와 관련이 있습니다.

좋은 사람은 자신의 쾌/불쾌 스위치를 사용하지 않고 다른 사람의 기분만 생각하며 살아갑니다. 그러면 스트레스로 인해 뇌가 점점 자극을 받습니다. 좋은 사람이므로 겉으로는 화가 났다거나 뇌가 자극을 받았다는 사실이 드러나지 않습니다. 그러나 실제로는 스트레스로 인해 뇌가 매우 많은 자극을 받아 주위에 그 영향을 전파합니다. 곧 영향을 받은 주위 사람이 이상한 행동을 하므로 '왜 내 주변에는 자꾸 이상한 사람이 모여들지?'라는 의문을 품게 됩니다.

스트레스로 자극받는 좋은 사람 근처에 가면 자신도 모르는 사이에 영향을 받아 화가 납니다. 스트레스는 계속 전파되어 결국 좋은 사람 주변에 이상한 사람만 모이게 만듭니다. 급기야 그들에게 또 영향을 받아 스트레스가 커지는 악순환이 되풀이됩니다. 좋은 사람이 공공장소에서 전혀 모르는 사람과 사건에 휘말리는 건 모두 자극받은 뇌 탓입니다. 거기서 '어쩌다가 저 사람과 얽히게 됐지?'라고 생각하면 재차 오류가 발생하며 고민이 생기고 또다시 스트레스로 뇌가 자극받습니다. 외출할 때마다 같은 상황이 벌어집니다.

다른 사람의 기분을 신경 쓰지 않고 자신의 쾌/불쾌에 따라 움직이면 밖에서도 골치 아픈 일에 휘말리지 않게 됩니다. "하기 싫은 일은 하지 않고, 하고 싶은 일만 한다." 이 원칙만 지키더라도 스트레스로 뇌가 자극받지 않으며, 스트레스로 가득 찬 사람이 다가오지 않습니다. 이렇게 살다 보면 전보다 훨씬 외출하기가 수월해집니다.

좋은 사람은 친절함을
적절하게 사용하지 못한다

좋은 사람은 상대방의 처지와 기분을 헤아려 판단할 수 있는 사람입니다. 자신이 상대방의 처지라면 곤란하겠다고 생각하여 도움을 주는 사람이 바로 좋은 사람입니다. 그러나 '친절함'은 곧장 도와주는 것이 아니라 상대방의 힘을 진심으로 믿고 지켜봐주는 것입니다.

예를 들어, 아이가 달리다가 넘어졌을 때 좋은 사람은 아이의 처지에 서서 '아프겠구나' '사람들 앞에서 넘어져서 창피하겠지'라고 생각하고 어떻게든 도움을 주려고 합니다. 안절부절 당황한 채로 다가가 아이를 일으키고는 "괜찮니? 아프지는 않니?"라고 묻습니다. 반면, 친절한 사람은 아이가 넘어지면 일단 상태를 확인한 후 스스로 일어설 수 있다고 믿고 지켜봐줍니다. 그리고 아이가 일어서서 다가오면 꼭 안아줍니다.

일반적으로 좋은 사람을 친절한 사람이라고 생각할지도 모릅니다. 하지만 좋은 사람이 한 일은 사실 상대방의 쾌/불쾌 감각을 빼앗은 것이기도 합니다. 넘어졌을 때 아이는 먼저 불쾌한 감정을 느끼지만 이윽고 스스로 일어섰다는 기쁨을 느끼며 모두와 하나가 되어갑니다. 넘어지면 기분이 나쁘다는 사실을 알고 난 후로는 넘어지지 않도록 즐겁게 달리는 감각을 추구하며 살아가게 됩니다.

만약 좋은 사람이 상대방의 처지에서 생각해 도와주고자 일으켜 세워준다면, 아이는 넘어졌을 때 기분이 나쁘다는 사실을 알 수 없습니다. 넘어지지 않고 달릴 때의 즐거운 감각을 빼앗은 것입니다. 결국 다음에 또 넘어지면 아이는 그저 울면서 남이 도와주기만을 바라게 됩니다. 더 나아가 스스로 좋아하는 감각을 선택할 수 없게 됩니다.

좋은 사람은 타인의 쾌/불쾌 스위치에 맞춰 행동하기 때문에 아이가 좋은 감각을 선택할 수 없는 것이 매우 큰 문제라는 사실을 인지하지 못합니다. 스스로 쾌/불쾌를 선택할 수 없으면 자신의 감각을 느낄 수 없습니다. 그러면 다른 사람의 감각에 의존하고 휘둘리며, 점점 자신을 잃어 결국 자신의 인생을 살지 못합니다.

반대로 스스로 쾌/불쾌 스위치를 제어하며 살면 곤란한 사람을 봐도 친절함을 발휘해 지켜봐줄 수 있습니다. 자신도 어려서 넘어졌을 적에 쾌/불쾌를 판단하여 나쁜 기분을 딛고 즐거움을 찾아 나아갔으니, 마찬가지로 아이도 스스로 일어설 수 있다고 믿기 때문입니다. 이처럼 찰나의 망설임 없이도 친절할 수 있는 이유는 쾌/불쾌 선택이 단순해서입니다. 자신의 쾌/불쾌가 단순하므로 상대방도 쉽게 선택할 수 있다고 믿습니다. 그러면 결국 넘어진 아이는 거울뉴런의 영향으로 믿어주는 사람의 뇌를 따라 믿음에 보답하고자 일어서고, 자력으로 달려 나가며 좋은 감각을 느끼게 됩니다.

친절함이란 자신의 쾌/불쾌 스위치를 원활히 사용할 줄 아는 사람이 상대방의 힘을 믿는 것입니다. 좋은 사람은 상대방의 처지에서 생각하는 바람에 오류를 일으켜 순수하게 상대를 믿지 못합니다. 더불어 상대방도 그 영향을 받아 자신의 힘을 믿을 수 없게 됩니다. 이런 상황은 자신의 쾌/불쾌 스위치를 잘 작동시켜야만 개선이 가능합니다. 쾌/불쾌 스위치만 잘 사용한다면 좋은 사람도 얼마든지 친절한 사람이 되어 상대방과 일체감을 느낄 수 있습니다.

부모의 쾌/불쾌 스위치에서 벗어나자

지금까지 상담을 해오며 수많은 좋은 사람을 만났습니다. 그 중 유소년기에 곤란에 빠진 어머니의 모습을 목격한 예를 자주 볼 수 있었습니다. 할머니가 괴롭히거나 아빠가 모질게 굴어 슬퍼하고, 가족을 부양하기 위해 힘들게 일하던 어머니의 모습을 보며 자란 사람들입니다. 아이는 엄마가 고통받다가 끝내 사라져버리면 자신도 살 수 없다는 위기감을 본능적으로 느낍니다. 때문에 힘들어하는 엄마를 보고 엄마의 처지에서 생각하는 습관이 생깁니다. 엄마가 화를 내거나 고통을 심하게 받을수록 아이는 엄마의 처지에서 생각하는 것을 더욱 멈출 수 없게 됩니다. 하지만 그런다고 해서 엄마가 편해지는 것도 아닙니다. 만일 그렇게 해서 엄마가 행복해진다면 아이는 더 이상 좋은 사람으로 남지 않아도 됩니다.

그러나 계속해서 불행하고 고통받는 엄마를 목격하면 구해줘야 한다는 생각이 마음속 깊이 자리 잡습니다. 성인이 된 후에도 불행하거나 힘들어하는 사람을 볼 때면 엄마가 투영되어 구해줘야 한다고 생각하게 됩니다. 좋은 사람이 되는 것입니다. 엄마를 구하지 않으면 자신도 죽을지 모른다는 어린 시절의 공포감과, 끝내 엄마를 구하지 못했다는 죄책감이 좋은 사람을 쉽사리 그만둘 수 없도록 합니다. 태평하게 좋은 사람 역할을 맡는 것이 아니라 죽느냐 사느냐의 기로에 서서 좋은 사람을 택하는 경우입니다.

원래 아이는 엄마의 보호를 받으며 자라납니다. 그러나 좋은 사람은 자신이 엄마를 지켜줘야 한다는 강박 관념에 사로잡혀, 엄마의 쾌/불쾌 스위치에 주목하고 오히려 자신에게는 소홀해집니다. 자연스레 스트레스가 뇌를 자극하는 흐름으로 이어집니다. 뇌가 자극을 받으면 만능감이 강해져 자신이 엄마의 기분을 잘 알며 구해줄 수 있을 거라고 생각하게 됩니다. 그렇게 되면 실패한 후 더 큰 스트레스를 받아 뇌에 보다 많은 자극이 가고, 만능감이 전보다 커지는 악순환이 되풀이 됩니다. 하려고 하는 게 아니라, 하지 않고서는 견딜 수 없는 초조함이 좋은 사람 안에 흐르고 있습니다.

좋은 사람이 엄마를 어떻게든 도우려고 하는 이유는 엄마에게 사랑을 받지 못해서입니다. 좋은 사람이 되면 엄마에게 사랑받을 수 있다고 생각하고 엄마의 처지에서 모든 일을 바라보려고 열심히 노력합니다. 하지만 아무리 노력해도 엄마에게 사랑받지 못한다면 스트레스로 뇌가 자극을 받고 만능감이 피어납니다. 사랑받지 못하면 못할수록 환상은 더욱 심해져 좋은 사람에서 벗어나지 못하게 됩니다.

이 사랑의 환상에서 벗어나기 위해서는 만능감을 자아내는 뇌의 자극 상태를 해소해야 합니다. 자신의 쾌/불쾌 스위치를 기준으로 삼아 하기 싫은 일은 어떻게 해서든 거절해봅시다. 뇌가 자극을 받았을 때는 자신이 무엇을 하고 싶은지 제대로 알 수 없습니다. 이때 하기 싫은 일을 하지 않으면 자극이 사라지고 하고 싶은 일을 할 수 있게 됩니다. 자극이 가라앉고 만능감도 사라집니다. 그러면 엄마도 그저 한 사람의 여성으로 보이고, 그 안에 절대적인 사랑은 필요하지 않다는 현실이 눈에 들어옵니다. 그저 나와 같은 한 사람으로 바라볼 수 있습니다.

만능감에서 해방되면 인간의 본질이 보이고 좋은 사람이 될 필요가 없어집니다. 사람은 모두 같은 처지이기 때문입니다. 좋은 사람이 되어야만 사랑받을 수 있다는 집착에서 해방되어 자신의 쾌/불쾌 스위치를 중심으로 살아보면, 모두 자신과 비슷하다는 사실을 알 수 있습니다. 그러면 이제껏 사람들 사이에서 겉돌던 느낌도 사라집니다. 모두 자신과 비슷하다고 생각하면 어느새 사람들과 함께하게 되며, 마음이 놓이고 일체감을 느낄 수 있습니다. 그 안에서 자유로이 '나답게' 살아갈 수 있습니다. 나답게 살아갈수록 더 많은 사랑을 느낄 수 있고, 그 기쁨을 곱씹으며 좋은 사람에서 벗어나 점차 원래 자신의 모습으로 돌아가게 됩니다.

행복해지려면
자신을 중심에 두자

자기중심적인 사람이라고 하면 막무가내로 굴고 남을 신경 쓰지 않는 이미지를 떠올리기 쉽습니다. 그러나 사실 자기중심적인 사람이란 자신의 쾌/불쾌 스위치를 잘 사용하는 사람을 말합니다. 많은 사람이 자기중심적인 사람을 자신의 이익만을 위해 남을 이용하는 이기주의자와 혼동합니다. 자기중심적으로 산다는 말은 자신의 쾌/불쾌 스위치를 잘 사용한다는 말입니다. 그렇게 하면 자연스레 주변 사람들과 윈윈 관계가 이루어집니다. 진심으로 좋아하는 것을 골랐을 때 자신의 행복은 곧 모두의 행복이 됩니다. 즉, 자신이 행복할수록 주변 사람들도 점점 행복해지는 선순환이 발생합니다.

이는 주변 사람의 행복에 초점을 맞췄을 때는 얻을 수 없던 느낌입니다. 주변 사람의 행복을 추구해 좋은 사람이 되면 자신은 점점 불행해지고 주변 사람도 행복해지지 않습니다. 그럼에도 쉽게 그만둘 수 없는 이유는 사랑의 환상 때문입니다. 사랑을 얻지 못하면 못할수록 스트레스가 더 쌓이고 만능감 또한 커짐으로 사랑의 환상을 좇지 않고는 견딜 수 없게 됩니다.

자기중심적으로 쾌/불쾌를 판단하며 살아가면 이런 만능감에서 해방됩니다. 진정한 의미에서 주변 사람들과 일체감을 느낄 수 있고, 자신의 행복이 모두에게 전해져 모두 함께 행복해지는 선순환이 완성됩니다. 자기중심적이면서도 인망이 두터워집니다. 다른 사람의 행복에 초점을 맞추면 기본적 귀인 오류가 일어나고 점점 고민이 늘어나 피곤해지기 때문에 행복에서 멀어집니다. 행복하지 않은 사람 곁에는 사람이 모여들지 않으므로 인망이 부족한 사람이 됩니다.

좋은 사람이란 그저 단어에서 비롯된 암시에 지나지 않습니다. '좋은 사람'이라는 단어가 자연스레 상대방의 기분을 고려해서 행동하도록 암시를 겁니다. 아무리 좋은 사람이 되어도 보람을 얻지 못하는 환상의 세계 속에 가둬버립니다. 단어가 만들어내는 암시에서 빠져나와 좋은 사람이 되려는 집착에서 벗어나면 자신의 쾌/불쾌에 따라 단순하게 살아갈 수 있습니다. 단어 때문에 생기는 관념이라니, 참 신기하지요?

예를 들어 어린 시절 부모에게 "넌 사람이 좋으니까"라는 말을 들으며 자랐다면, 좋은 사람이 되지 않으려고 해도 좋은 사람이 되어 다른 사람의 기분에 맞춰 행동하게 됩니다. '좋은 사람'이라는 단어 자체가 계속해서 암시를 주기 때문입니다. 자식의 머릿속에 '좋은 사람'이라는 암시를 심어두는 것은 부모에게 꽤나 편리한 선택일지도 모릅니다. 조금 불만이 있더라도 자식이 좋은 사람이 되어 부모를 돌보게끔 유도할 수 있으니 말입니다. 그 결과 일그러진 사랑만이 생겨납니다.

결심과 동시에 좋은 사람을 그만두기는 무척 어렵습니다. 그러니 먼저 자신의 쾌/불쾌를 스스로 선택하려고 노력한다면, 머지않아 오랫동안 짊어져온 좋은 사람에 대한 집착을 버리고 자유롭게 살아갈 수 있을 것입니다.

3

자기긍정감을 떨어뜨리는 만능감을 버린다

좋은 사람이 되지 못하는
자신을 몰아붙이고 있나요?

열심히 수업을 마친 선생님이 학생들에게 질문이 있냐고 물으면 교실은 순간 정적에 휩싸입니다. 이때 나라도 질문을 해야 한다는 의무감에 쓸데없이 손을 드는 경우가 있습니다. 선생님은 말로 표현은 않지만 겸연쩍은 표정을 짓고, 다른 학생들도 수업이나 얼른 마치게 질문 좀 하지 말라는 반응을 보입니다. 이렇듯 의무감 탓에 좋은 사람이 되어 모두에게 미움받고 맙니다. 이런 경험을 한 직후에는 다시는 좋은 사람 역할을 맡지 않겠다고 굳게 다짐하지만, 금세 잊고 다시 좋은 사람이 되어버리곤 합니다. 아무도 나서지 않으니 나라도 나서야 한다는 생각에 손을 들어버리고, 곤경에 처한 사람을 보면 나 말고는 도울 사람이 없다는 생각에 먼저 가서 말을 겁니다.

이처럼 좋은 사람이 앞에 나서는 이유는 자신 외에는 나설 사람이 아무도 없다고 생각해서입니다. 다시 말해 다른 사람은 자신만큼 좋은 사람이 아니라고 생각한다는 뜻입니다. 정적이 흐르는 교실에서 자신만이 선생님의 기분을 이해할 수 있다고 생각합니다. 슬퍼 보이는 사람을 마주하면 자신만이 그 마음을 알아줄 수 있다고 생각합니다.

직접 나서서 좋은 사람이 되어버리는 사람은 주위 사람들을 자신만큼 좋은 사람이라고 생각하지 않을 가능성이 높습니다. 실제로 자신이 좋은 사람 역할을 하지 않으면 아무도 질문하지 않은 채 수업이 끝나버리고, 아무도 슬퍼 보이는 사람에게 신경 쓰지 않고 그대로 방치한다고 생각합니다. 그래서 먼저 나서서 좋은 사람이 됩니다. 만약 그 상황에서 나서지 않으면 나중에 '왜 그때 질문하지 않았을까?' '왜 그가 곤경에 처했을 때 손을 내밀지 않았을까?' 하고 죄책감에 사로잡힙니다.

지하철에 앉아 있는데 나이 지긋한 사람이 앞에 선 상황을 예로 들어봅시다. '자리를 양보하면 괜히 노인 취급한다고 싫어하실까?'라고 고민하는 사이 옆에 있던 사람이 먼저 자리를 양보합니다. 그러면 왜 자신이 먼저 일어나 자리를 양보하지 못했는지 자책합니다. 시간이 지나고 나서도 일일이 끄집어내어 '왜 나는 그때……' 하고 반성의 몸부림을 치다가 다음에는 꼭 먼저 양보하겠다고 다짐하며 좋은 사람이 되어버립니다.

이처럼 좋은 사람은 먼저 나서지 않으면 뒤에 가서 자신을 나무랍니다. 자신을 책망하기 싫으므로 나서서 좋은 사람이 됩니다. 수업 중에 선생님에게 질문을 하여 모두의 눈초리를 받거나, 아무리 보람이 없다고 한들 곤경에 처한 사람의 이야기를 들어주는 편이, 나중에 자책하는 것보다는 덜 괴롭기 때문에 좋은 사람이 되는 것입니다.

"불쌍해"는 주의해야 할 표현

좋은 사람이라고 항상 좋은 사람인 건 아닙니다. 어떤 트리거로 인해 순간 좋은 사람으로 변하고는 안절부절못하는 것입니다. 트리거는 상대방을 불쌍하다고 생각하는 바로 그때 당겨집니다. 그러면 좋은 사람이 되는 것을 멈출 수 없습니다.

예를 들어, 상사가 자리에 없는 동료를 지목하며 일을 못한다고 말합니다. 반사적으로 좋은 사람은 열심히 일한 동료를 떠올리며 불쌍하다고 생각합니다. 바로 그때 트리거가 당겨집니다. 상사에게 그가 사실 굉장히 노력하고 있다며 감싸는 말을 합니다. 그러면 상사는 그 동료가 남들보다 일을 못한다는 사실을 모르냐며 더 화를 냅니다. 상대를 감싸다가 오히려 나쁜 인상을 남긴 것입니다.

하지만 좋은 사람은 불쌍한 동료를 위해 눈물을 흘려가며 변호하고, 그가 인정받을 수 있다면 자신은 어떻게 되어도 상관없다는 듯이 행동합니다. 좋은 사람은 영화감독처럼 동료가 노력하는 모습에서 한 편의 드라마를 만들어냅니다. 악덕한 상사가 동료의 노력을 헛되이 만든다는 불쌍한 이야기를 완성하고는 도움이 되고자 좋은 사람 역할을 맡습니다. 만일 동료가 정말 일을 못하고 상사의 말을 듣지 않는다 하더라도 상관없습니다. 자신이 만든 시나리오만 살피기 때문에 전혀 눈에 들어오지 않습니다.

어떤 사람은 엄마가 화장기 없는 얼굴로 아무렇게나 입고 있으면, 돈이 없어서 고생하는 건 아닐까 불쌍하게 여기고 트리거를 작동시킵니다. 좋은 사람으로 변신해 그동안 모은 돈을 건넵니다. 그러고는 나중에 엄마가 받은 돈 전부를 일도 안 하고 놀기만 하는 동생에게 줬다는 사실을 알게 되면 크게 상처받습니다.

영화감독처럼 머릿속으로 돈이 없어서 고생하는 엄마의 시나리오를 그려내고 가여워했지만, 사실 엄마는 오지랖이 넓

으며 돈을 마구 뿌리는 사람이었을 뿐입니다. 그 또한 불쌍하다면 불쌍하지만 그가 생각한 이미지는 아닙니다. 좋은 사람이 되면 누구를 보더라도 머릿속으로 그 사람의 이야기를 꾸며내고, 그 속에서 불쌍한 역을 맡은 상대방을 도우려고 합니다.

반대로 불쌍해 보이지 않는 상대에게는 이야기를 만들어붙일 수 없으므로 좋은 사람이 되지 않고 넘어갈 수 있습니다. 다만 그런 상대와는 깊은 관계를 맺지 못합니다. 그러나 그런 사람이야말로 함께 있으면 의지가 되고 도움을 받을 수 있는 존재입니다. 이처럼 자신에게 도움을 줄 수 있는 사람은 지나쳐버리고 곤경에 처한 사람과 고통받는 사람에게만 감정을 이입하면, 결국 주변에 문제를 안고 있는 사람들만 남게 됩니다. 당연히 남들 눈에는 항상 문제 있는 사람들에게 휘말려 불행한 인생을 사는 사람으로 비칩니다.

게다가 좋은 사람인 척하려고 매번 불쌍한 사람만 찾아다닌다며 약간 삐딱한 눈으로 바라보는 사람도 생겨납니다. 또, 별 문제가 없다 보니 관심을 받지 못해서 서운한 감정을 갖는 사람도 나타납니다. 그럼에도 좋은 사람은 좋은 사람으로 변하는 것을 멈추지 못합니다. 타인의 표정이나 행동에 민감하게 반응하며, 자신도 모르는 사이에 상대를 주인공으로 드라마를 만들어냅니다. 트리거가 작동하여 좋은 사람이 되어버립니다.

좋은 사람에 머무르면
자기긍정감은 자라지 않는다

어릴 때 한번은 다른 사람의 기분은 생각하지 말자고 결심하고 학교에 갔습니다. 하지만 어느새 남이 불쌍하다는 생각이 들어 트리거가 작동했고 좋은 사람이 되어버렸습니다. 좋은 사람이 되어서는 안 될 상대에게 좋은 사람이 되어 괴롭힘당하고 상처받는 나날이 되풀이됐습니다. 재차 마음을 먹어도 남들과 어울리다 보면 어느새 누군가가 불쌍하게 느껴져 좋은 사람이 되어버렸습니다.

저는 오래도록 제가 사람들에게 미움받기 두려워서 좋은 사람이 되는 것이라고 생각해왔지만 착오였습니다. 분명 남에게 미움받고 싶지 않다는 마음이 강하기는 했지만 결정적인 이유는 아니었습니다. 길에서 다른 사람을 보고 불쌍하다고 생각하는 것은 연약한 마음이나, 미움받고 싶지 않은 마음과는 별 상관이 없다는 사실을 깨달았습니다. 곤경에 처한 사람을 어떻게든 돕겠다고 생각하는 것이니, 연약하기는커녕 오히려 강하다고 할 수도 있습니다. 그렇다면 평소에는 연약한 마음 탓에 무엇 하나 뜻대로 못 하니 곤경에 처한 사람을 도우면서 우월감을 느끼려는 걸까요?

글쎄요. 좋은 사람은 다른 사람이 감사를 표하면 부끄러워하는 경우가 많으므로 우월감을 느낀다고 말하기는 어렵습니다. 반대로 자신은 아무런 가치가 없다고 생각하여 좋은 사람으로서 조금이라도 남에게 도움이 되려 하는 것입니다. 좋은 사람이 되면 자기긍정감이 낮아지기 때문에 제아무리 공부를 잘하고, 좋은 학교를 나온 사람이라도 스스로를 아무것도 할 수 없는 사람이라 여기기 쉽습니다. 일을 잘하고 회사에서 인정받아도 자신이 아무것도 아니라고 생각하게 됩니다. 누군가 칭찬을 하거나 연봉이 올라도 남들은 나에 대해 아무것도 모른다고 생각하며, 자신은 칭찬받을 만한 사람도, 높은 연봉에 어울리는 사람도 아니라고 생각합니다. 다시 말해, 능률이 오르거나 연봉이 높아지면 자기긍정감도 함께 올라간다는 흔한 생각 자체가 환상입니다. 낮아진 자기긍정감은 좀처럼 쉽게 올라가지 않습니다. 그렇다면 좋은 사람은 자기긍정감을 높이기 위해 자신도 모르게 좋은 사람이 되는 걸까요?

이 역시 딱 잘라 맞다고 말하기는 어렵습니다. 좋은 사람이 되는 순간의 자기긍정감은 결코 낮지 않습니다. 상대방을 불쌍하다고 생각하는 상황 자체가 자신의 처지가 좀 더 낫다는 생각에서 비롯되기 때문입니다. 하지만 좋은 사람이 되어 상대방을 도운 직후에는 '아, 하지 말걸……' 혹은 '좀 더 잘할 수 있었을 텐데……'라며 후회하기 때문에 자기긍정감은 다시 낮아집니다. 물론 자기긍정감이 높아지는 경우도 있겠지만 대개는 반대의 경우가 더 많습니다.

원인은 자기긍정감을 낮아지도록 만든 어릴 적 사건에 있습니다. 어려서 불쌍한 상황에 처했을 때 아무도 그 기분을 이해해주거나 도와주지 않고 그대로 방치되면, 자신은 소중한 존재가 아니며 가치도 없다는 인식이 자리 잡습니다. 이러한 성장 과정을 거친 사람은 곤경에 처한 사람에게 불쌍했던 자신의 과거 모습을 투영하여 과거의 자신을 돕고자 합니다. 누구에게나 불쌍한 주인공의 시나리오를 만들어내는 이유는 과거 아무에게도 도움받지 못했던 경험에 있는 것입니다. 이 때문에 곤경에 처한 듯 보이는 사람을 너무나도 쉽게 불쌍히 여기고 맙니다. 하지만 아무리 남을 도와줘도 과거의 자신은 도움을 받지 못합니다.

좋은 사람이 되어 구하고 싶은 사람은 과거의 자신이다

좋은 사람은 누군가 길을 물어오면 친절히 길을 가르쳐주고도 설명만으로는 부족하여 자신이 직접 데려다주고 나서야 직성이 풀립니다. 만일 길만 알려주고 보내면 나중에 끝까지 안내하지 않은 자신의 결정을 후회하기 때문입니다. 하지만 목적지까지 안내를 마쳐도 상대방이 가벼운 인사만 남기고 떠나면, 괜히 또 쓸데없는 일을 했다는 생각에 신경이 쓰입니다. '목적지까지 안내해주기를 바란 건 아니었을지도 몰라…….' 이렇게 한참 시간이 지나도 그 일을 생각합니다. 좋은 사람이 되어 상대방을 친절히 대하면 그 순간에는 만족감을 얻는 듯하지만, 금세 후회와 불안에 휩싸이고 자칫하면 화가 치밀어 오르기도 합니다.

왜 좋은 사람이 됐는데도 만족하지 못하고 후회가 생기는 걸까요? 그것은 좋은 사람이 되어도 자신이 원하는 것을 얻지 못하고 스트레스만 받기 때문입니다. 여기서 원하는 것이라 하면, 많은 분들은 길을 안내해준 후 상대방이 무척 감사해하며 공손하게 인사하는 모습을 떠올릴지도 모르겠습니다. 물론 그럴 수도 있지만 좋은 사람이 진정 원하는 것은 어릴 적 자신을 도와주는 일입니다. 무의식적으로 상대방에게 좋은 사람이 되어 과거의 자신을 돕고자 합니다. 하지만 상대방에게 좋은 사람이 되면 될수록 불쌍했던 과거의 자신은 누구에게도 도움을 받지 못한 채 방치됩니다.

때문에 어째서 아무도 자신을 도와주지 않느냐며 화를 내게 됩니다. 차마 그렇게 끓어오르는 감정이 분노라고는 인식하지 못합니다. 자신만의 고민에 빠져 '그런 쓸데없는 일은 하지 말걸…….' '좀 더 친절하게 대했더라면 좋았을 텐데…….' 하고 불안이나 후회만 느낍니다. 그리고 혼자 반성회를 열어 자책하고 분노를 쌓아갑니다. '왜 아무도 불쌍한 나를 도와주지 않는 거야?'라고 화를 내면서도 자신을 더욱 탓합니다. 결국 '이째서 나까지 불쌍한 나 자신을 공격하는 거야'라며 또 다른 분노가 치밀어 오릅니다.

좋은 사람은 이런 분노를 자각하지 못하므로 화를 발산하지 못한 채 하나둘 쌓아두어 뇌가 자극받도록 내버려둡니다. 이렇게 뇌가 자극을 받으면 신경 활동이 활발해져 뇌가 제어하는 여러 감각이 예민해집니다. 예민해진 감각은 '다른 사람은 모르지만 나는 알고 있어.' '다른 사람이 못 하는 일을 나는 할 수 있어.' '다른 사람이 못 보는 미래를 나는 볼 수 있어.' 등 여러 착각을 불러일으킵니다. 이처럼 자신은 뭐든지 알고 있으며, 다른 사람이 못 하는 일을 해낼 수 있다는 태도는 자기긍정감이 아니라 만능감입니다. 좋은 사람은 만능감 때문에 자신이 마치 신이라도 된 듯 착각하고 모든 일에 관여해야 한다고 생각해버립니다.

미심쩍게 생각하실지도 모르겠지만 '나 때문에 저 사람이 슬퍼해' '나 때문에 저 사람이 곤경에 처했어'라며 남의 감정이나 불행에 책임을 느끼는 현상 역시 만능감에서 비롯됩니다. 지하철에서 우연히 눈이 마주친 여성이 고개를 획 돌렸을 때 그 사람이 자신 때문에 불쾌했을지 모른다고 생각하는 것 역시 마찬가지입니다. 자신이 타인의 감정을 다 알고 있다고 생각하는 데서 비롯된 감정입니다. 좋은 사람이 자책하고 죄책감을 느끼는 대부분의 상황은 사실 자신이 모든 상황을 제어해야 한다는 만능감에서 나옵니다.

만능감을
제어하려고 하지 않는다

좋은 사람은 자신이 만능감을 갖고 있다고는 상상조차 하지 못합니다. 그러나 좋은 사람이 주변 사람의 기분을 신경 쓰는 건 분명 주변 사람의 기분을 자신이 제어해야 한다고 생각하기 때문입니다. 상대방의 감정은 그 사람의 것이므로 타인이 제어할 수 없다는 사실을 깨달으면 누가 무엇을 느끼든 자신이 관여할 필요가 없어집니다. 하지만 좋은 사람은 다른 사람의 기분에 민감하게 반응합니다. 다른 사람의 기분이 나쁘거나 우울하면 결국 마음이 동하여 자신이 무엇이든 해야 한다는 만능감을 느끼고 맙니다.

꼭 집어서 말하자면 남의 기분을 이해한다고 생각하는

시점에서 이미 아웃입니다. 좋은 사람은 다른 사람의 표정, 몸짓 그리고 말이나 목소리 톤에서 자신이 상대방의 감정을 제대로 파악하고 있다고 생각합니다. 이것이 바로 만능감이 주는 환상입니다. '이 사람은 지금 이렇게 느끼고 있군.' 하고 상대방의 감정을 의심 없이 확신하는 것이 만능감을 갖고 있다는 확실한 증거입니다.

냉정함을 유지하는 상태라면 자신의 감정도 제어하거나 파악하기 어려운데 남의 감정을 제대로 이해하기란 불가능하다고 생각하기 마련입니다. 그래서 남의 감정을 지나치게 확대 해석하지 않습니다. 또 만능감을 갖고 있지 않으므로 자신의 예상대로 상대방의 감정을 확신하지도 않습니다.

지금까지 한 이야기를 좋은 사람이 본다면 자신이 자주 착각하고 남의 감정을 멋대로 확신하는 오만한 사람이었다는 생각에 기분이 나쁠 수도 있습니다. 어쩌면 이제까지 다른 사람에게 베풀어온 친절과 선의를 부정당하는 기분에 분노를 느낄지도 모릅니다. 이처럼 공격당하고 부정당하는 기분이 바로 아무도 나를 도와주지 않는다는 스트레스로 인해 예민해진 뇌가 만들어낸 만능감의 산물입니다.

만능감은 뇌에 쌓인 스트레스가 만들어내는 감각이므로 스스로 제어할 수 없습니다. 더불어 만능감에 휩싸여 있는 자신이 초라하게 느껴지는 것도 스트레스로 자극받은 뇌가 보여주는 환상입니다. 그런 상태에서 해방되어 차분하게 주위를 둘러보면 자신뿐만 아니라 모두가 만능감에 사로잡혀 있다는 사실을 알 수 있습니다.

만능감이란 누구에게도 도움받지 못하던 아이가 살아남기 위해 익힌 본능과 같은 것으로, 제어할 수 있는 감각이 아닙니다. 그런 만능감이 있었기에 지금까지 살아남았다고 할 수도 있고, 아무도 도와주지 않는 상황에서 고독감에 짓눌리지 않고 계속해서 노력할 수 있었다고 할 수도 있습니다. 다만 그것이 자신의 영역을 벗어나 타인에게까지 퍼지면 좋은 사람이 되어버리고 맙니다. 좋은 사람이 되면 될수록 아무도 자신을 알아주지 않고, 진정한 의미에서 도움을 주지 않기 때문에 전보다 더 만능감에 의존하여 좋은 사람을 그만두지 못하는 악순환에 빠지게 됩니다.

만능감은
허용하는 것으로 충분하다

좋은 사람에게 만능감이 생기는 이유는 스트레스로 인해 뇌가 자극을 받아서입니다. 다시 말해 자책과 반성을 멈추어 스트레스가 쌓이지 않도록 하면 예방할 수 있다는 뜻입니다. 하지만 좋은 사람은 자책과 반성을 멈추지 못하는 자신을 반대로 공격하고 제어하려 합니다. 결과적으로 스트레스가 더 쌓입니다.

여기서 만능감을 허용한다는 표현을 쓰겠습니다. 이 책 서두에서도 이야기했지만, 사람은 모든 일을 가운데로 되돌리려는 항상성을 갖고 있습니다. 긍정적인 생각을 하면 반드시 그 생각을 가운데로 되돌리는 부정적인 생각이 떠오릅니다. 좋은 사람이 될 때도 마찬가지입니다. 좋은 사람이 될수록 항상성을 유지하려는 관성 때문에 원래대로 돌아가기 위해 만능감이 생겨납니다.

그러나 오만함을 포함한 만능감을 없애려고 하면 반대로 겸허해져서, 겸허함을 없애기 위해 자신도 모르는 새 만능감이 더욱 증폭합니다. '만능감을 없애자'라고 생각하는 대신 '만능감을 허용하자'라고 생각해봅시다. 그러면 만능감이 더는 늘어나지 않고 멈춥니다.

한 여성이 친구와 이야기를 하다가 그가 일을 잘 못하고 있다는 사실을 알게 되었습니다. 노력하는데도 일이 잘 안 풀리는 친구를 보자 불쌍한 마음이 들었습니다. 여느 때라면 자신이 해줄 수 있는 일이 무엇인지 생각하고, 친구에게 조언을 하거나 도와주었을 것입니다. 하지만 앞에서 말했듯 불쌍하다는 생각 자체가 만능감에서 비롯된 것입니다. 이 사실을 깨달은 그녀는 함부로 상대를 불쌍히 여기거나 도움을 주면 안 된다고 생각했습니다. 그러니 친구의 이야기를 듣고 있기가 괴로워졌습니다. 친구가 어떻게든 자신을 도와주기를 바라는 마음이 느껴지는데, 여기서 요청을 거부하면 나쁜 사람이 될 것만 같았기 때문입니다.

뭐든 도와야 할 것같이 초조한 생각이 드는 이때, 속으로 '만능감을 허용하자'라고 외쳐봅시다. 바로 전까지는 친구의 이야기는 듣는 둥 마는 둥 '내가 어떻게 하면 좋을까?' '이 친구는 내게 뭘 바라는 걸까?' 하는 생각만 꼬리에 꼬리를 물고 떠올랐지만, 만능감을 허용하자고 생각하니 친구의 이야기가 제대로 들리기 시작하고 '왜 내가 꼭 도와줘야 한다고 생각했지?' 하고 현실이 보이기 시작합니다.

좋은 사람이었을 때는 만능감 때문에 친구를 자신과 같은 사람으로 인식하지 못했습니다. 만능감을 허용하고, 만능감에서 해방되면 친구 역시 자신과 같은 사람으로 보입니다. 자신이 무언가 도울 필요가 없다는 사실을 깨닫게 됩니다. 이야기를 들어주는 것만으로 상대방을 충분히 존중할 수 있습니다. 이를 통해 상대방은 스스로 일어서 난관을 헤쳐 나갑니다.

또 다른 여성은 직장에서 자신이 일을 잘 못해 동료들에게 폐를 끼치는 것은 아닌지 고민하고 있었습니다. 상사는 항상 자신에게 불쾌한 태도를 보이고, 동료들은 그녀를 질렸다는 듯이 바라보는 느낌이 들었다고 합니다. 그래서 남들보다

배로 일하고 모두에게 폐를 끼치지 않도록 노력했습니다. 하지만 매번 같은 실수를 되풀이하는 바람에 이러지도 저러지도 못하는 상황에 처했습니다.

이랬던 그녀가 '모두에게 폐를 끼치고 있다' '상대방의 기분을 알고 있다'라는 생각이 만능감에서 비롯됐다는 사실을 깨닫고 만능감을 허용하기로 마음먹었습니다. 그러자 언제나 스스로를 무능하다고 책망하던 마음이 순식간에 사라졌습니다. 어쩌면 매번 실수하며 은연중에 사람들의 보호 본능을 자극해온 건 아니었을까 하는 생각마저 들었습니다. 언제 해고당해도 이상하지 않다는 생각에 불안해하며 일해왔지만 이제는 있는 그대로 생활해도 괜찮겠다고 긍정적으로 생각할 수 있게 되었습니다.

자기 일을 잘 못해서 남의 일까지 도맡아 해왔지만 이제는 그럴 필요가 없다는 사실을 깨달았습니다. 만능감을 허용하니 자신이 맡은 일만 담담히 해나가고, 또 하고 싶은 일만 할 수 있게 되었습니다. 처음에는 일을 못하는 게 자신의 부족한 능력 때문이라 생각했지만, 이내 남의 일과 감정을 떠맡으며 받은 스트레스 때문이었음을 알게 되었습니다. 어느새 모두 자신에게 다가와 이야기를 들어주며 일도 도와주게 되었습니다.

상대의 기분은
조금도 상상하지 않는다

자신이 좋은 사람인지 아닌지 깨닫기만 해도 자연스레 좋은 사람에서 벗어나 편하게 살 수 있습니다. 하지만 문제는 자신도 모르는 사이에 좋은 사람이 된다는 점입니다. 어느새 습관처럼 좋은 사람이 되어 다른 사람에게 휘말려 듭니다. 여기서 좋은 사람이 되는 징조의 예를 들어보겠습니다.

좋은 사람이 되는 가장 확실한 징조는 '남에게 신경을 쓸 때'입니다. 그렇다면 남에게 신경을 쓰고 있는지 어떻게 알 수 있을까요? '이 사람 지금 화내고 있는 거 아냐?'와 같이 상대의 기분을 멋대로 상상한다면 남에게 신경 쓰고 있다는 뜻입니다. 조금이라도 상대의 기분을 상상하면 상대에게 신경 쓰는 상태에 들어가고, 곧 좋은 사람이 되어버립니다.

초조함 역시 주변 사람의 기분을 신경 쓰면서 생겨납니다. 하지만 초조한 마음이 들 때는 자신이 좋은 사람이 됐다는 사실을 알아채기 어렵습니다. 초조함을 느낀다면 이미 좋은 사람이 된 것이니 그냥 속 편하게 '좋은 사람이 되었군'이라고 생각합시다.

긴장할 때에도 꽤 높은 확률로 좋은 사람이 됩니다. 남의 시선을 의식할 때 긴장하는 일이 많으므로, 남의 시선을 의식하는 그 자체가 상대방의 기분을 신경 쓴다는 신호입니다. 좋은 사람이 되는 바람에 긴장했다는 사실을 눈치챈다면 좋은 사람의 저주에서 풀려날 수 있습니다. 좋은 사람이 됐다는 사실을 깨달으면 힘들게 그만두려 하지 않아도 자연스레 좋은 사람의 저주에서 풀려나게 됩니다.

어떤 사람이 걱정될 때도 분명 상대방의 기분을 생각하고 있는 것입니다. 남이 걱정되거나 불쌍하다는 생각이 자주 든다면 자신이 좋은 사람이 됐다는 사실을 깨달을 수 있는 중요한 징후입니다.

좋은 사람은 "미안합니다"와 "죄송합니다"를 연발합니다.

미안하다고 말하는 사람이 좋은 사람이라는 사실을 깨달으면 자연스레 좋은 사람에서 벗어날 수 있습니다. 눈치를 볼 때도 마찬가지입니다. 시선이 이리저리 움직일 때는 좋은 사람이 될 계기를 찾고 있다고 생각하면 틀림없습니다. 그러니 시선이 한 곳에 머물지 못할 때는 '좋은 사람이 되려고 하는구나!' 하고 깨달으세요.

좋은 사람이 된 자신의 생각이나 언행을 반드시 바꿀 필요는 없습니다. 상대방의 기분을 신경 쓰며 초조함과 긴장감을 느끼는 상태, 혹은 "미안합니다"를 연발하고 시선을 한 곳에 두지 못하는 상태가 바로 좋은 사람이 됐다는 증거라는 사실을 깨닫기만 하면 됩니다. '좋은 사람이 됐구나!' 하고 깨닫기만 해도 좋은 사람에서 벗어나 점점 자유로워집니다. 더불어 변화한 자신에게 맞춰 주위 사람들도 변해갑니다.

좋은 사람을 그만둔다고
버림받지 않는다

좋은 사람이어야만 한다고 집착하는 이유는 좋은 사람을 그만 두면 모두가 떠나버린다고 생각해서입니다. 내가 좋은 사람이 기 때문에 버림받고 있지 않다고 생각하는 데에는 두 가지 이 유가 있습니다.

첫 번째 이유는 자기 내면의 항상성에서 비롯됩니다. 좋 은 사람이 되면 될수록 항상성이 작용하여 만능감 넘치는 내 면의 오만한 인격도 커지게 됩니다. 이때 좋은 사람은 겉으로 보이는 모습과 상반된 내면의 오만한 인격을 사람들에게 들 키면 미움받는다고 공포를 느낍니다. 이 때문에 좋은 사람이 되어야 한다는 저주에서 더더욱 빠져나오지 못하는 상태가 됩니다.

두 번째 이유는 인간관계의 항상성에서 나옵니다. 항상성은 내면뿐만 아니라 인간관계에서도 작용합니다. 한 무리 안에 좋은 사람이 있으면 반드시 나쁜 사람이 나타나서 좋은 사람을 받아들이지 않는 상황이 연출됩니다. 좋은 사람은 나쁜 사람에게 거부당한 사실에만 주목합니다. 그리고 모두가 자신에게서 멀어지는 상황을 상상하고 공포를 느낍니다. 그래서 좋은 사람이 되어 상대방에게 인정받고자 합니다.

하지만 예상과 달리 여기서 좋은 사람을 그만두면 자신을 거부하던 사람들이 언제 그랬냐는 듯이 자신을 받아들이는 현상이 벌어집니다. 무리 안에 좋은 사람이 사라지면 나쁜 사람도 더 이상 자신의 역할을 고수할 필요가 없어지기 때문입니다. 상대방은 의식해서 나쁜 사람 역을 맡은 게 아닙니다. 무리 안에서 작용하는 항상성으로 인해 나쁜 사람이 된 것입니다. 내가 좋은 사람 역을 내려놓는 시점에서 자연스레 그 사람도 나쁜 사람을 그만둡니다.

좋은 사람이어야 한다는 집착은 그래야만 모두가 자신

을 받아줄 것이라 여기면서 생겨납니다. 하지만 반대로 좋은 사람을 그만두어야만 자신을 받아들여 준다는 사실을 깨닫고 나면, 모든 게 그저 집착이었음을 실감할 수 있습니다.

이전에 정신과에서 일했을 때 저는 '정신과에서 일하니 환자들에게 특히 더 좋은 사람이 되어야지'라고 생각했습니다. 마음의 상처로 고통받는 사람들이 다니는 병원이므로, 여기서 일하는 간호사는 천사와 같고, 의사는 성인이나 마찬가지라고 생각했기 때문입니다. 그래서 고개 숙인 사람을 보면 "괜찮으세요?"라며 살펴보고, 짜증내는 사람이 있으면 가까이 다가가 열심히 이야기를 들어주었습니다. 누가 보더라도 올바른 일을 한다고 믿고 있었습니다. 환자끼리 싸우면 말리고, 환자가 술을 마시고 병원에 오면 왜 술을 마셨는지 정중히 이야기를 들었습니다. 제가 좋은 사람이기에 환자들이 저를 신용하고 의지하며, 그것이 환자를 위한 일이라고 믿어 의심치 않았습니다.

하지만 제가 좋은 사람이 될수록 환자들의 정신 상태는 불안정해져만 갔습니다. 다른 직원들은 저 때문에 환자들이 불안정해졌다며 차가운 눈빛으로 쳐다보았고, 저는 조금씩 외로워졌습니다. 연이어 환자들에게 문제가 생겼습니다. 하나하나 친절하게 대응하다 보니 점점 밤잠을 설치게 되었고 이내 일을 그만두고 싶어졌습니다. 하지만 좋은 사람이었기에 마음 먹은 대로 일도 그만두지 못했습니다. 할 수 있는 일이라고는 그저 야근하지 않고 곧장 퇴근하여 혼자 야구 배팅 연습장에 가는 정도였습니다.

매일처럼 야구 배팅 연습장에 다니다 보니 어느새 다른 직원들도 함께하게 되었습니다. 그러자 근무 중에도 오늘은 끝나고 뭘 하고 놀지 고민하는 시간이 늘어갔습니다. 문득 '어쩌다 매일 노는 것만 생각할 수 있게 됐지?'라는 생각이 들었습니다. 게다가 주위를 돌아보니 매일 문제를 일으키던 환자들이 조용해져 있었습니다. 모두 안정을 취하고 시끄러운 일도 전혀 일으키지 않았습니다. 그때야 비로소 좋은 사람이 되어야 한다는 집착이 오히려 환자들을 불안정하게 만들었다는 사실을 깨달았습니다.

미안한 마음이 들었다면 다시 좋은 사람으로 돌아갔겠지

만, 매일같이 놀던 저는 '이 정도면 됐지 뭐.' 하고 생각할 수 있었습니다. 이후 새로 온 신입 직원이 좋은 사람이 되고자 집착하는 모습을 보고도, 언제까지 좋은 사람을 계속 하는지 따뜻한 눈으로 지켜봐주었습니다.

명심하세요. 좋은 사람을 그만둔다고 해서 누구에게도 버림받지 않습니다. 죄책감 때문에 좋은 사람을 그만두지 못하는 분에게는 다음 장에서 해결책을 알려드리겠습니다.

4

과거에 얽매이는 죄책감을 없앤다

내 탓은 사막의 신기루와 같다

지금까지 말해왔듯이 좋은 사람이 되는 원인은 다양합니다.

고통받는 사람을 도와주지 못했다는 마음, 즉 죄책감 또한 큰 원인 중 하나입니다. 눈앞에서 고통받는 사람을 돕지 못한 아이는 그 사람이 자신 때문에 고통스러워한다고 생각해 죄책감을 느낍니다. 이 죄책감은 어른이 되어서도 사라지지 않고 남아 있다가, 곤경에 처한 사람이나 고통받는 사람을 보면 안절부절못하게 만듭니다. 과거에 느꼈던 죄책감이 눈앞의 전혀 상관없는 사람과 연결되어 좋은 사람이 되지 않으면 나쁜 일을 하는 듯한 기분이 들게 하는 것입니다.

이런 죄책감은 완전한 착각입니다. 이는 마치 사막을 걷

다가 신기루를 보는 현상과 같습니다. 저기에 가면 갈증(죄책감)을 해소할 수 있을지도 모른다는 생각에 달려가지 않고는 못 배깁니다. 하지만 서둘러 좋은 사람이 되어도 죄책감이라는 갈증이 사라지기는커녕 더욱 커져만 가는 악순환에 빠집니다.

사업에 실패하여 막대한 빚을 지고 괴로워하는 아빠를 보며 자란 여성이 있습니다. 아직 어렸던 그는 돕고 싶은 마음에 모아두었던 용돈을 아빠에게 내밀었습니다. 물론 아빠의 빚은 그 정도로 해결할 수 있는 금액이 아니었습니다. 하지만 계속 돈 때문에 고통받는 아빠를 볼 때마다 도움이 되지 못했다는 미안함이 차올라 뭐라도 하지 않을 수가 없었습니다. 게다가 아빠의 고통이 자신을 보살피는 데 필요한 돈을 버느라 생겨났다는 죄책감까지 이중으로 옥죄어 왔습니다. 그렇게 자라서 진로를 선택할 시기가 됐을 때 그녀는 대학에 가지 않겠다고 말했습니다. 학비가 드는 데서 또 죄책감을 느끼고 부모에게 부담을 주지 않고자 좋은 사람이 되었기 때문입니다.

시간이 지나도 마찬가지입니다. 좋은 사람은 사회에 나

가 일을 하면서도 돈 때문에 곤란한 사람을 보면 자신이 어떻게든 도와야 한다고 생각합니다. 회사에서 독립해 자영업을 하면서도 상대방이 가난해 보이면 제대로 대금을 청구하지 못하고, 결국 아버지처럼 돈에 쪼들리는 생활을 하게 됩니다. 어릴 적 품었던 죄책감이 그대로 남아, 아무런 관계도 없는 사람에게 베푸는 좋은 사람이 되지 않고는 배길 수 없게 만든 것입니다.

곧잘 아프던 엄마를 나름대로 최선을 다해 간병하며 자란 남성이 있습니다. 아쉽게도 엄마의 상태가 전혀 나아지지 않아서 남성은 도움이 되지 못한 데 죄책감을 느꼈습니다. 결국 죄책감이 폭주하여 자신이 착한 아이가 아니기 때문에 엄마가 아프다는 식의 환상을 만들어냈습니다. 하지만 착한 아이가 되기 위해 아무리 노력해도 엄마의 상태는 나빠지기만 할 뿐이었습니다. 그럴수록 착한 아이가 아닌 자신을 더 많이 탓하였습니다. 엄마를 돕지 못하는 자신의 가치를 스스로 떨어뜨리고, 이내 공부든 뭐든 아무것도 하기 싫다며 자포자기해비렸습니다. 아무리 노력해도 도움이 되지 못한다고 자책하던 끝에 '이런 인생 따위 어떻게 되든 상관없어!'라며 인생을 내팽개쳐 버린 것입니다.

어린 시절의 죄책감은 어른이 된 후까지 남아, 곤경에 처한 사람을 보면 좋은 사람이 되어 돕지 않고는 못 배기게 유도합니다. 그러나 좋은 사람이 되면 상대방은 악당으로 변신해 상처를 줍니다. 그럼에도 자신이 나빠서 이런 일이 벌어졌다고 믿어버립니다. 결국 착각에서 비롯된 죄책감은 현실을 일그러뜨리고 계속해서 좋은 사람이 되기를 강요합니다.

죄책감을 틈타 타인이
나를 지배하기 시작한다

좋은 사람은 '난 그저 곤경에 처한 사람을 도울 뿐이야' '아무도 나서지 않으니까 나라도 나설 수밖에'라고 생각합니다. 하지만 그 마음 이면에 있는 죄책감의 존재는 본인도, 주변 사람도 눈치채지 못합니다. 좋은 사람의 트리거가 되는 죄책감은 부모나 주변 사람이 심어놓은 것입니다. 부모나 주변 사람이 심어놓은 죄책감 탓에 억지로 좋은 사람이 되어 자유 의지 없이 지배당하는 인생을 살게 됩니다.

한 남성의 이야기를 예로 들겠습니다. 남성의 직장 동료가 상사에게 일을 잘 못한다고 꾸지람 들었을 때의 일입니다. 그는 자신도 일이 많아 바쁜 와중에 '위로의 말이라도 건네볼까?' 고민했습니다. 해야 할 일이 많았지만 풀이 죽어 있는 동료에게 손을 내밀지 않으면 냉혹한 인간이 되는 듯해 죄책감이 덮쳐왔기 때문입니다. 일단 동료를 방치한 채 자신이 맡은 일부터 마쳤지만, 나쁜 짓을 저질렀다며 후회하고 집에 가서까지 그 일을 떠올렸습니다.

이를 만회해보고자 다음에 또 동료가 우울해할 때 같이 밥이라도 먹자고 제안했지만 웬걸 일정이 있다는 핑계로 거절당했습니다. 모처럼 걱정해줬는데 거절당하자 괜히 화가 끓어올랐습니다. 하지만 이렇게 그릇이 작은 자신이 싫어서, 집에 돌아가서는 다시 동료를 떠올리는 등 계속해서 동료에게 지배당하는 현상이 일어납니다. 마치 주종 관계처럼 상대방을 신경 쓰고 어떻게든 도와주려고 골똘히 생각합니다.

그는 이 동료뿐 아니라 모든 타인에게 지배당하는 인생을 살아왔습니다. 어릴 적에는 괴롭힘당하는 친구를 구해주었다는 이유로 다음 괴롭힘의 표적이 되었습니다. 대학생 때는 곤경에 처한 여성을 도와준 계기로 특별히 그녀를 좋아하지 않으면서도 사귀고 말았습니다. 그녀가 맛있는 음식을 먹고 싶다고 하면 돈이 없어도 비싼 레스토랑에 데려가는 바람에 결국 카드빚까지 지게 됐습니다. 분명 하고 싶지 않은데도 막상 하지 않으면 나쁜 짓을 하는 것처럼 느껴져 상대방에게 인생을 완전히 지배당하고 말았습니다.

같은 일을 겪은 여성이 또 있습니다. 그녀는 의사소통에 서투른 남성을 보면 불쌍하다는 생각부터 합니다. 그래서 친절하게 말을 건네고 이야기를 들어주면 남성은 그녀가 자신을 좋아한다고 착각합니다. 이윽고 그가 고백을 해오면 자신의 취향이 아닌데도 상대방이 상처를 입을까 두려워 거절하지 못하고 지배당합니다.

열심히 이야기를 들어주고 옷을 골라주다 보면, 그때까지 여성에게 관심조차 받은 적 없던 남성은 우쭐해져서 다른 여성을 좋아하게 됩니다. 그를 딱히 좋아하지 않으면서도 다른 여성이 남성을 이용하는 것처럼 보이자, 걱정스러운 마음에 남성에게 단념하라고 이야기합니다. 이를 남성은 그녀가 질투한다고 받아들입니다. 급기야 그녀조차 그 남성을 정말로 좋아하는 듯한 감정에 빠져들어 벗어날 수 없게 됩니다.

그녀는 직장에서도 좋은 사람으로, 다른 담당자가 곤경에 처하면 자신이 대신 클레임 대응을 맡습니다. 그리고 자신의 잘못이 아닌데도 동료를 대신하여 사죄하며 머리를 조아립니다. 그래 봐야 상대방은 더욱 화를 낼 뿐입니다. 고생 고생하다가 문득 뒤를 돌아보니 본 담당자도, 상사도 이미 사라진 후였습니다. 홀로 처리해야 하는 상황이 되어버린 겁니다.

이런 일이 되풀이되는데도 직장을 그만두지 못합니다. 자신이 그만두면 모두가 곤란해진다고 생각하기 때문입니다. 연봉도 낮고, 온갖 일을 다 떠맡아 하는 줄 알면서도 무능한 상사와 동료에게 지배당한 채 그곳에서 빠져나오지 못합니다. 이런 패턴에 빠져 자신의 인생을 혐오하면서도 곤경에 처한 사람을 보면 또 곧바로 좋은 사람이 되어버립니다. 결국 주변 사람들에게 인생을 지배당한 채 빠져나오지 못하게 됩니다.

일부러 타인의 노력에 편승한다

좋은 사람을 그만두는 방법으로 타인의 노력에 편승하는 방법이 있습니다. 좋은 사람은 무엇이든 혼자 생각하고, 혼자 주변사람들을 위해 움직이는 상황에 익숙합니다. 결과적으로 고군분투하는 상황에 처하지만 좋은 사람이니 불쌍한 모두를 위해 움직여야 한다고 생각합니다. 하지만 좋은 사람이 되면 인간관계에서 항상성이 작용해 균형을 맞추고자 주변 사람들이 좋은 사람의 발목을 잡는 나쁜 사람 역할을 맡게 됩니다. 여기서 만약 타인의 노력에 편승하면 제각각 자신의 일을 훌륭하게 처리하므로 좋은 사람이 될 필요가 없어집니다.

타인에게 편승하기 위해 구체적으로 어떻게 하면 될까

요? 바로 좋은 사람이 되기 전에 먼저 상대방에게 솔직히 질문하면 됩니다. 자신이 어떻게든 도와야겠다는 생각이 들면 상대방에게 이 일을 어떻게 생각하는지 솔직하게 물어봅시다. 그러면 상대방 머릿속에 이미 제대로 된 답이 있다는 사실을 확인하고 감동할 것입니다. 상대방의 대답에 감동하거나 관심을 보이면, 상대방의 힘이 발휘되며 그 힘에 편승할 수 있게 됩니다.

한 여성이 학부모 회의에서 좋은 사람이 되는 바람에 계속 손해 보는 일을 떠맡게 되었습니다. 이때 속으로 '타인에게 편승하자!'라고 외쳐보았습니다. 그러자 머릿속이 백지처럼 하얗게 변하며 아무 생각도 들지 않았습니다. 자연스레 주변 사람들에게 "이거 어떻게 하면 되죠?"라며 혼자 고민하지 않고 솔직히 물어볼 수 있었습니다. 그러자 놀랍게도 다른 사람들이 친절히 알려줄 뿐만 아니라 자신의 일을 대신 해주기까지 했습니다. 미안한 마음이 들 정도였습니다. 혼자가 아니라 모두 함께 노력한 덕분에 좋은 결과를 만들었다며 밝게 웃는 사람들을 보면서 기쁨을 느꼈습니다.

또 다른 여성은 직장에서 좋은 사람이 되어 몇 날 며칠을 정시에 퇴근하지 못했습니다. 모두들 어서 가족이 기다리는 집으로 가고 싶을 테니, 대신 일을 떠맡아 처리한 것입니다. 그러자 관련된 일을 점점 더 많이 떠안게 되었고, 얼마 지나지 않아 '왜 나만 이렇게 힘들지?'라고 생각하게 되었습니다. 이때 타인에게 편승해보기로 했습니다.

피로가 많이 쌓였다는 생각에 조금 느슨하게 일했더니, 곧바로 동료가 자신이 대신하겠다며 손을 내밀었습니다. 게다가 평소에는 조금도 일하지 않던 상사가 웬일인지 일찍 퇴근하라며, 자신이 맡은 일을 전부 다른 사람에게 나눠주어 정시에 퇴근할 수 있었습니다. '이렇게 밝을 때에 집에 가다니……진짜 좋다.' 감동하며 처음으로 자유를 느꼈습니다.

물론 마음속에 있는 좋은 사람이 슬금슬금 고개를 내밀고 모두에게 미안하다며 죄책감을 씌우려 했지만, 타인에게 편승하기로 마음먹고 모두에게 믿고 맡기니 이전보다 활기찬 삶을 살 수 있게 되었습니다.

부모에게 좋은 사람을
그만두겠다고 선언한다

좋은 사람의 부모 역시 좋은 사람 문제로 고민합니다. 그래서 자신의 부모도 좋은 사람을 그만두지 못하고 되풀이하고 있으니 나 역시 그만둘 수 없다는 일종의 암시에 걸리기 쉽습니다. 이 암시는 매우 강력해서 좀처럼 빠져나올 수 없다는 것을 좋은 사람도 잘 알고 있습니다. 자신을 이렇게 만든 부모를 원망해봐도 후에 죄책감이 밀려와 금세 다시 부모에게 좋은 사람이 됩니다. 반대로 부모를 존중해보아도, 부모와 마찬가지로 손해만 보는 자신을 좋아할 수가 없습니다.

　여기서 부모에게 물려받은 좋은 사람을 버리는 방법이 필요합니다. 바로 부모에게 선언하는 것입니다. 구체적으로 자신이 부모를 따라 좋은 사람이 됐다는 사실을 전하고, 지금부터는 좋은 사람을 그만두고 나답게 살아가겠다고 선언하면 됩니다. 이 방법으로 부모에게 물려받은 좋은 사람의 저주를 풀수 있습니다.

이 저주는 좋은 사람의 부모도 평소에 좋은 사람 문제로고통받았다는 사실을 가리킵니다. 의식하지는 않지만 좋은 사람이 되어 나쁜 일을 겪을 때면 '우리 아이도 이렇게 좋은 사람이 되어 고통받고 있겠구나'라고 생각하기 마련입니다. 이런 생각이 아이에게도 암시로 전해져 좋은 사람을 그만둘 수없는 저주와 같은 상태를 만들어냅니다.

저주를 풀기 위해선 좋은 사람을 부모에게 물려받았다고인정해야 합니다. 좋은 사람을 그만두고 나답게 살아가겠다고선언함으로써 부모에게 받았던 암시를 해소할 수 있습니다. '그래도 우리 아이는 좋은 사람이 될 거야'라고 생각하는 부모의 모습이 떠오를지도 모릅니다. 그럼에도 암시가 전해져 온다고 인식할 수 있기 때문에 다시 좋은 사람이 되지 않도록 피할 수 있습니다. 이윽고 좋은 사람에서 벗어나 저주의 쇠사슬을 끊어낼 수 있습니다.

좋은 사람이 돼서 받은 스트레스로 인해 폭식을 멈추지 못하던 여성이 있었습니다. 다이어트를 해도 금세 도로 살이 찌는 상황이 되풀이되었습니다. 게다가 직장에서도 남의 일을 돕느라 정작 자신의 일은 전혀 못 하는 바람에, 누구보다도 많이 일하면서 좋은 평가를 받지 못했습니다. 꼭 자신의 아버지와 같은 상황이 되었지만 아버지처럼 살고 싶지는 않았습니다. 마냥 사람 좋은 아버지처럼 되지 않겠다고 다짐해도 어느새 그와 같이 행동하고 급기야 체형까지 닮아가자, 무슨 방법을 쓰더라도 좋은 사람을 그만두겠다고 결심했습니다.

그래서 휴일에 아버지에게 조언을 듣기 위해 고향을 찾아갔습니다. 그는 어릴 적부터 사람 좋은 아버지가 싫었는데, 어느새 자신도 아버지처럼 좋은 사람이 되어버렸다고 털어놓았습니다. 아버지는 "너도 부탁을 잘 거절하지 못하는 성격이니까"라며 상냥히 말했습니다. 이때 그는 이제부터 좋은 사람을 그만두고 자유롭게 나다운 삶을 살아가겠다고 선언했습니다. 그러자 아버지는 놀란 얼굴로 "그래, 그러렴"이라고 짧게 대답했습니다.

그 이후로 직장에서 나쁜 일을 겪으면 그때 아버지의 얼굴을 떠올렸습니다. 그러면 한층 수월하게 거절할 수 있었습니다. 좋은 사람이 되지 않아도 된다고 생각하니 스트레스가 줄어 단 음식을 먹지 않아도 괜찮아졌고, 다이어트를 하지 않고도 체중이 점차 원래대로 돌아왔습니다. 그는 좋은 사람 자체가 스트레스였다는 사실을 깨달았습니다. 고향에 갈 때마다 아버지가 자신의 행동을 관찰하는 듯한 느낌이 들었지만, 그렇게 선언한 이상 아버지와는 분명 다른 인생을 살아갈 수 있다는 예감이 들었습니다.

또 다른 예입니다. 좋은 사람이 되며 생긴 스트레스 때문에 생각대로 일이 잘 안 풀리는 남성이 있었습니다. 무슨 일을 해도 상사에게 혼났고, 혼나면 혼날수록 일을 더 못하게 되는 악순환에 빠져들었습니다. 하지만 그 원인이 좋은 사람에 있다고는 생각지 못했습니다. 곰곰이 생각해보고 나서야 내내 상사가 불쌍하다고 생각해왔음을 깨달았습니다. 상사에게 불쌍한 마음이 들어 자신의 생각을 확실히 전하지 않았더니 의견이 엇갈리고 "왜 시키는 대로 하지 않냐"라며 혼난 것이었습니다.

이 사실을 깨달은 그는 좋은 사람이었던 엄마를 찾아갔습니다. 그리고 자신이 엄마를 따라 좋은 사람이 됐다고 힘주어 말했습니다. 억울하다고 말하는 것이 아니라 그저 자신이 엄마를 따라했다는 사실을 인정할 뿐이었습니다. 아빠의 난폭한 태도에도 언제나 웃으며 대처했던 엄마의 모습이 떠올라 눈물이 흘렀습니다. 그는 지금부터 엄마처럼 좋은 사람이 되기를 그만두고 나다운 인생을 살아가겠다고 선언했습니다. 그러자 더 이상 상사가 무섭지 않았고 다른 사람과도 대등한 관계를 맺을 수 있었습니다.

좋은 사람이 원인이라고 생각한 그의 예상은 놀랍도록 정확했습니다. 상사에게 신경 쓰지 않자 자신의 기분을 솔직하게 이야기할 수 있었습니다. 주변 사람들의 기분을 생각하지 않자 마음이 편해져 점점 일을 잘하게 되었고, 결국 이직까지 긍정적으로 생각할 수 있게 되었습니다. 선언한 대로 좋은 사람을 그만두고 자신을 위해 살며 발전해나갔습니다.

이미 친절한 당신에게
웃는 얼굴은 필요 없다

좋은 사람이 되면 항상 웃는 얼굴로 지내야 합니다. 싫은 소리를 들어도 웃으며 대답해야 하기 때문에 무척 피곤하며 스트레스가 쌓입니다. 남들은 불쾌하면 먼저 표정으로 나타내고, 상대에게 불쾌하다고 말합니다. 이렇게 자신의 뜻이 전달됐을 때 스트레스가 해소됩니다. 하지만 좋은 사람은 불쾌함을 느껴도 상대에게 직접 말하면 가엾다는 생각에 웃음으로 넘깁니다. 물론 불쾌감은 점점 쌓여갑니다. 불쾌감이 쌓여갈수록 피로감도 늘어납니다. 피곤한 상태인데도 언제나 웃고 있어서 주위 사람들은 아무도 상황을 제대로 파악하지 못합니다.

좋은 사람이 웃지 않으면 남에게 불쾌감을 준다고 생각하는 이유는 상대방을 신용하지 않아서입니다. 어떤 의미에서 자신 외에는 누구도 믿지 못한다고 말할 수 있습니다. 그래서 누구에게나 좋은 사람으로서 대합니다. 그러나 좋은 사람이 될수록 주변 사람은 반대 방향으로 움직이므로 결국 아무도 믿지 못하는 상황에 처하게 됩니다.

더 이상 웃지 않는 것이 좋은 사람에게는 어려운 일일지도 모르겠지만, 의외로 간단히 그만둘 수 있는 방법이 있습니다. 머릿속으로 '릴렉스'라고 외치기만 하면 됩니다.

여러분이 평소에 웃으며 대하는 사람을 앞에 두고, 머릿속으로 '릴렉스'라고 외쳐봅시다. 진심으로 웃을 때와는 다른 표정을 지었다는 사실을 깨달을 수 있을 것입니다. 거울 앞에서 연습해보면 바로 알 수 있습니다. 언제나 좋은 사람으로서 대하던 상대방을 떠올리며 그때의 표정을 지어봅니다. 그러면 자신이 어떤 표정으로 상대방을 대했는지 알 수 있습니다.

이번에는 머릿속으로 '릴렉스'라고 외치며 거울을 봅시다. 표정이 약간 부드러워짐을 느낄 수 있습니다. 거울 속 '보통 얼굴'이 바로 안정감을 느끼는 표정입니다.

분명 '릴렉스'라고 되뇌이고 난 뒤 웃는 얼굴이 사라졌음에도 주변 사람들의 반응은 나빠지지 않습니다. 오히려 더 좋아집니다. 주변 사람들의 표정 또한 부드러워지고 신기하게도 안정감을 느낄 수 있습니다. 안정감이 드는 표정을 짓기만 해도 주변 사람들을 믿을 수 있고, 모두와 안정감을 공유할 수 있습니다. 그러니 더는 좋은 사람이 되지 않아도 됩니다. 이때까지 느껴온 피로가 풀리고, 보다 자유롭게 움직일 수 있게 되어 삶이 즐거워집니다.

부탁을 거절하고 자책하지 않는다

좋은 사람은 다른 사람의 부탁을 거절한 후에 '왜 거절했을까?' 하고 후회합니다. 그가 나를 싫어할까 봐 혹은 신용을 잃었을까 봐 불안해합니다. 동시에 '왜 그 사람은 항상 내게만 부탁할까? 내 사정을 조금만 더 이해해줬다면 부탁하지 않았을 텐데'라며 화가 치밀어 오릅니다.

이는 인간의 항상성을 유지하는 기능이 균형을 잡으려 하기 때문에 일어나는 일입니다. 죄책감을 느낀 후에는 균형을 맞추기 위해 '왜 내가 이런 생각까지 해야 하지?' 하고 화가 치밀어 오릅니다. 한편, 여기서 그런 생각을 하는 자신에게 실망하고 죄책감을 느끼기도 합니다. 동시에 균형을 맞추고자 내심 분명 상대방이 잘못했다고 생각합니다. '이렇게 괴로울

줄 알았다면 거절하지 말걸.' 하는 데까지 생각이 미치므로, 결코 좋은 사람에서 벗어나지 못합니다.

마치 시소게임처럼 죄책감과 분노가 번갈아 나타나는 악순환을 끊을 수만 있다면 좋은 사람에서 쉽게 벗어날 수 있습니다. 방법은 간단합니다. 남의 부탁을 거절하고 죄책감과 분노가 찾아올 때 머릿속으로 '나를 용서합니다'라고 외치기만 하면 됩니다. 부탁을 거절해서 상대방이 나를 나무라는 듯한 느낌이 들겠지만 실제로는 자책하고 있을 뿐입니다. 자신을 책망하면 머릿속에서 시나리오가 전개되어, 정말로 상대방이 자신을 싫어하고 나무라는 것처럼 느껴집니다. 급기야 현실이 되는 경우도 많습니다. 인간은 생각대로 현실을 만들어낼 수 있습니다. 상대방이 화내고 있다고 생각하면 그게 현실이 됩니다.

거절하고 후회와 죄책감이 몰려올 때 '나를 용서합니다'라고 외치면 끝없이 되풀이되던 시소게임이 멈춥니다. 그리고 다음에 상대방을 다시 만났을 때 눈앞에 상상과 전혀 다른 부드러운 현실이 펼쳐지는 광경을 볼 수 있습니다. 자신을 용서

한다고 말하고 자책하지 않으면 좋은 사람을 위해 정말 부드러운 현실 세계가 나타납니다. 쓸데없이 남에게 신경 쓰거나 자신을 희생하지 않아도 된다는 사실을 절로 실감할 수 있습니다. 자신이 조금 부족했다는 생각이 들 수도 있겠지만, 그럴 때도 '나를 용서합니다'라고 꾸준히 외쳐봅시다. 부드러운 현실이 펼쳐지고, 자신을 위해 준비된 이 세계를 자유롭고 즐겁게 살아갈 수 있습니다.

모든 '척'을 그만두면 신뢰를 얻는다

인간관계에서 피로를 느끼는 사람은 좋은 사람 외에도 친절한 사람, 이해심 있는 사람 그리고 올바른 사람인 척을 합니다. 친절한 사람인 척하며 상대방을 불쌍히 여기고 도와줘야 한다고 생각합니다. 한편 인간에게는 항상성을 유지하는 기능이 있으므로 머릿속에서는 정반대로 '꼴좋다'라거나 '응석부리지 마'라는 생각이 떠오릅니다. 동시에 '이런 생각을 하다니 상대가 너무 가여워……'라며 죄책감이 생기고, 계속 상대방에게 상냥한 사람인 척을 하게 됩니다.

이해심이 깊은 사람도 마찬가지입니다. 상대방에게 "그 기분 나도 잘 알지!" "열심히 하는구나?"라고 말하면서도 속으로는 '남한테 부탁하지 말라고!' '제대로 계획하지 않아서 그런 꼴이 된 거잖아!'라고 생각합니다. 이런 생각을 머릿속에서 지우기 위해 이해심 깊은 사람인 척합니다. 그리고 부모나 주변 사람에게 죄책감을 느끼고는 올바른 사람이 되려고 합니다. 죄책감에 지배당해 올바른 사람인 척하면 할수록 항상성이 '난 올바른 사람이 아니야!'라고 생각하게 합니다. 그러나 자신이 올바르지 않다고 생각하면 또 그런 대로 더 큰 죄책감이 엄습해와서 올바른 사람을 그만두지 못합니다. 게다가 이런 '척'을 한다는 사실이 들통나면 사람들에게 경멸당한다고 생각하기에 한번 이런 '척'을 하면 좀처럼 멈추지 못합니다.

단순하게 생각해봅시다. 신뢰할 수 있는 사람 앞에서는 이런 '척'을 하지 않고 솔직한 모습을 보일 수 있습니다. 어떠한 '척'을 해야 하는 사람은 신뢰할 수 없는 사람입니다. 신뢰할 수 없는 상태에서는 필연적으로 상대방에게 분노를 느끼게 되어 있습니다.

그러니 원래 자신과는 다른 성격을 연기하고 있다면, 상대방에게 분노하는 연습을 해봅시다. 상대방에게 직접 표현하지 않아도 됩니다. 그저 머릿속에서 신랄하게 비판하는 훈련입니다. 좋은 사람인 상태에서는 갑자기 그런 심한 말을 하기 어렵다고 느낄 수도 있습니다. 하지만 좋은 사람, 상냥한 사람, 이해심 깊은 사람, 올바른 사람이 되면 될수록 항상성이 작용하여 상대방을 비판하고 싶은 마음이 내면에서 소용돌이 칩니다. 내면에 잠들어 있는 그러한 분노를 제대로 받아들이는 연습을 해보면 재미있는 일이 일어납니다.

이제까지 '척'하며 본심을 꺼내지 못했지만 '이 사람에게는 본심을 이야기해도 되지 않을까?' 하는 생각이 듭니다. 그래서 거짓된 모습이 아닌 있는 그대로의 모습으로 상대방을 대할 수 있게 됩니다. 이런 모습이야말로 진정한 의미의 신뢰라는 사실을 깨닫게 됩니다.

한 남성이 상냥하게 대했더니 부하가 어느새 안하무인으로 군다며 고민을 털어놓았습니다. 이해심 많은 상사인 척하느라 부하에게 급한 일이 있다면 지금 하는 일은 적당히 해도 된다고 말했다고 합니다. 그러자 한 치의 망설임도 없이 퇴근 시간 전에 집에 가버려, 무척 기분이 나빴다고 하네요. '요즘은 저 방식이 대세니까 특별히 잘못한 것도 아니지, 뭐.' 올바른 사람인 척하며 납득하려 했지만 부하의 업무 실적마저 조금씩 떨어지자, 관리 능력이 없는 상사라는 평가를 받게 될까 봐 조바심을 느끼게 되었습니다. 이때 그에게 부하를 보면 속으로 분노를 표현해보는 연습을 시켰습니다.

'일도 못하는 주제에 까불기나 하고!'

'지가 일을 잘하는 줄 아나 보네, 착각에도 정도가 있지!'

그러자 부하를 향한 신랄한 비판이 끝없이 쏟아져 나왔습니다. 자신이 속으로 이런 생각을 하고 있었다는 사실에 남성도 놀랐습니다. 더 놀라운 일은 그 이후에 펼쳐졌습니다. 부하가 자신을 미워하거나 그만둘 수도 있다고 생각하여 신줏단지 모시듯 조심히 다뤄왔건만, 오히려 "내 지시에 따르면 좋겠네!"라고 직설적으로 말했더니 곧바로 팀의 일원으로서 제대로 움직이기 시작한 것입니다. '척'을 그만두는 훈련을 하면 상대방과 대등한 관계가 되어 자신의 본심을 드러낼 수 있고, 진정한 신뢰 관계를 구축할 수 있습니다.

5

세상의 중심을 자신에게 둔다

세계는 나를 위해 존재한다

좋은 사람은 자신이 타인을 위해 태어나 존재한다고 생각하는 경향이 있습니다. 그래서 그런 자신을 이해해주고 고맙게 생각해줄 사람을 찾아 좋은 사람으로서 최선을 다합니다. 주변 사람들은 그런 좋은 사람을 보고 "칭찬받고 싶어서 저러는 거야." "인정받고 싶어서 좋은 사람인 척하는 거야." 하고 삐딱하게 바라봅니다. 그러거나 말거나 좋은 사람의 진정한 목적은 상대방의 행복입니다. 스스로 희생하는 일이 있더라도 조금이나마 상대방이 행복해지기를 바랍니다. 좋은 사람이므로 아무도 자신을 이해해주거나 고맙게 생각해주지 않더라도 자신으로 인해 남들이 행복해지기를 진심으로 바랍니다.

하지만 좋은 사람이 자신을 희생해서 도와도 상대방은

전혀 행복해지지 않습니다. 행복해지기는커녕 점점 문제가 커집니다. 그러면 좋은 사람은 자신을 더욱 희생해가며 상대방을 위해 최선을 다합니다. 자신으로 인해 상대방이 행복해진다고 믿기 때문에 상대방이 불행해질수록 자신을 책망합니다. 자신의 방식이나 부족한 능력을 탓하며 마치 불행의 원인이 자신에게 있다는 듯이 자책하고 자존감을 떨어뜨립니다.

다른 사람의 눈에는 이러한 태도가 좋은 사람이 자신을 과대평가하는 것으로 보입니다. 급기야 외곬으로 보이기도 합니다. 또, 자신의 잘못된 방식 탓에 상대방을 불행하게 만들었다는 생각이 완전히 틀린 것만은 아닙니다. 한 사람의 세계는 그 사람을 중심으로 돌아갑니다. 자신을 중심으로 세계가 돌아가는데 그 축을 상대방에게 놓으면, 세계가 뒤틀리며 불행한 현실이 나타납니다. 도와주고 싶은 상대방의 세계 역시 오직 그를 위해 돌아갑니다. 좋은 사람이 상대방을 위해 그의 처지에서 생각하는 순간, 상대방 세계의 중심이 어긋나면서 세계가 뒤틀리고 현실이 악몽과도 같이 변해버립니다.

그렇다면 좋은 사람은 어떻게 해야 할까요? 이때는 '세상은 나를 중심으로 돈다'라고 생각하면 됩니다. 주변에 있는 사람도, 곤경에 처한 듯 보이는 사람도 모두 나에게 행복을 주기 위해 존재합니다. 그러니 그들에게 손을 내밀지 않아도 괜찮습니다. 그저 주변 사람들이 나를 위해 어떤 멋진 세계를 보여줄지 기대하고 있으면 됩니다. 나만이 주인공이고 나머지는 모두 나의 행복을 위해 준비된 사람들입니다. 세계의 축을 주변 사람이 아닌 자신에게 두면, 세상이 자신을 위해 돌아가며 주변 사람들 또한 행복해집니다. 좋은 사람이었을 때는 변하지 않던 악몽 같은 현실이 전부 회복되며 모두가 행복해지는 아름다운 세계가 펼쳐집니다.

자기중심적 사고가
모두를 행복하게 한다

자신만 따돌림당한다고 느낀다면 세계의 중심을 나 이외의 사람에게 두고 있다는 뜻입니다. 그러면 현실 세계가 뒤틀리고 모두가 불행해집니다. 신경질적으로 변한 사람들 사이에 혼자 좋은 사람으로 있으면 이질감 때문에 따돌림당하는 느낌이 듭니다. 이러한 느낌이 뇌에서 멋대로 만들어낸 환영처럼 여겨질 때도 있지만 이내 불안해집니다. 세계의 중심이 자신에게서 멀어질수록 세계가 뒤틀리며 모두의 마음이 거칠어지고, 좋은 사람만 붕 뜬 채 겉돌게 됩니다. 모두의 행복을 위해 무언가 해야 한다며 좋은 사람이 될수록 오히려 모두가 불행해지고 자신만 겉도는 악순환이 이어집니다.

반대로 좋은 사람이 세계의 중심을 자신에게 두면 먼저

자신이 행복해집니다. 이어서 주변 사람들도 영향을 받아 행복해지며, 행복한 사람이 점점 늘어나 혼자 겉도는 일이 사라집니다. 좋은 사람이 행복해지려고 시도할 때마다 '나만 겉돌게 되지 않을까' 불안해하는 이유는 모두들 불행한데 자신만 행복해지면 따돌림당할 것이라고 생각해서입니다. 이러한 생각은 뇌가 멋대로 만들어내는 환영일 뿐입니다.

좋은 사람은 모두가 행복하면 자신도 그들과 함께 어울릴 수 있다는 사실을 알고 있습니다. 그래서 모두를 행복하게 만들려고 노력하지만, 그렇게 노력할수록 자신에게서 세계의 중심이 멀어지므로 세계가 뒤틀리고 결국 모두 행복에서 멀어집니다. 좋은 사람은 남을 위해 최선을 다해도 행복해지지는 않는다는 사실을 받아들이기 어려워합니다. 남을 위해 좋은 사람이 되면 상대방이 자신에게 감사해하며 행복해진다고만 생각합니다.

하지만 실제로는 곤경에 처한 사람을 도와주더라도 잘되면 내 탓, 안 되면 조상 탓을 하는 게 인간의 본성입니다. 겉으로는 감사를 표하지만 속으로는 자신의 덕이라고 생각하기 마련입니다. 좋은 사람이 좋은 의도로 도와줘도 상대방은 성장만 더뎌질 뿐 오히려 불행해집니다.

반대로 자신을 세계의 중심에 두고 살아가면 모두가 행복해집니다. 남을 위해 살던 삶이 자신의 발목을 얼마나 붙잡고 있었는지 실감하게 됩니다. 이제 그 족쇄에서 벗어납시다. 자신이 행복해지면 주위 사람도 영향을 받아 각자 자신을 위해 살아갈 수 있게 됩니다. 인생에 깊이 있는 사람들이 모여들며 다 함께 행복해지는 방향으로 나아가게 됩니다.

실수는 인정해도
반성은 하지 않는다

좋은 사람은 남을 위해 최선을 다하고도 보답받지 못하면 일을 벌인 자신을 책망하며 후회하고 자기혐오에 빠집니다. 보통 사람은 이런 이야기를 들으면 상대방을 위해 일해놓고서 왜 후회하는지 잘 이해하지 못합니다. 좋은 사람도 나름대로 이러한 생각들을 머릿속에서 지우기 위해 노력합니다. 자신의 선택이 잘못되지 않았다고 스스로 정당화하며 과거를 되돌아봅니다. 그러다가도 상대방의 표정을 떠올리면 역시 쓸데없는 짓이었나 하는 불안감이 엄습해와 안절부절못하게 됩니다. '틀리지 않았어!'와 '역시 쓸데없는 짓이었어'가 번갈아가며 떠오르다 질려버리고 맙니다.

좋은 사람은 행여나 상대방이 감사해하더라도 괜한 일을 했다며 후회합니다. 좋은 사람의 이런 자기혐오는 어떤 의미에서 온당합니다. 잘되라는 뜻으로 상대방을 돕는 행위는 상대방의 세계를 뒤틀기 때문입니다. 그러니 사실은 돕지 않는 편이 좋습니다. 그러나 이내 상대방을 돕게 되며 그 결과 누구도 행복해지지 못합니다. 마음 한구석으로나마 이런 사실을 알고 있기 때문에 시간이 지나서 쓸데없는 일을 한 것은 아닌지 그때의 상황을 다시 떠올리는 것입니다.

게다가 앞서 말했던 인간의 성질 때문에 상대방은 일이 잘 풀리면 그저 자신의 덕이라고 생각합니다. 그래서 상대방이 아무리 고마워하더라도 그 마음이 진심으로 느껴지지 않습니다. 이내 '역시 쓸데없는 짓이었나 봐'라며 불안감이 엄습합니다. 여기에서 보통 사람은 "거봐, 역시 고맙다는 말을 듣고 싶어서 그런 거지?" 하고 한마디 하지만 좋은 사람에게는 그런 문제가 아닙니다. 고맙다는 말을 듣지 못해서 아쉬워하는 게 아니라 자신이 한 일이 틀렸을까 봐 불안해하기 때문입니다. 상대방이 감사해하는데도 진심이 전해지지 않으면 자신이 잘못한 건 아닌지 그 자리에서 스스로 검열을 합니다. 이내

'그때 그렇게 한 게 잘못이었나…….' 반성할 만한 순간이 잇달아 떠올라 자기혐오에 빠져듭니다.

그렇게 자기혐오에 휩싸일 때면 '괜한 짓을 했구나!' 하고 깨끗하게 인정해버립시다. 좋은 사람이 자신을 중심에 두지 않는 바람에 상대방의 세계를 뒤틀어 불행하게 만들었으니까요. 여기에서 중요한 점은 쓸데없는 일을 벌였다는 사실만 인정하고 반성은 하지 않는 것입니다. '괜한 짓을 했구나!' 하는 생각만으로 충분합니다. 좋은 사람이 반성이라고 여기는 행위는 어쩌면 잘못했을지도 모르는 일을 찾는 행위입니다. 이는 자신이 옳았다는 한 줄기 매우 희미한 구원의 빛을 찾는 것과 마찬가지입니다. 누구나 마음 한구석에는 자신이 틀리지 않았다고 믿고 싶은 마음이 있습니다.

좋은 사람은 사물의 본질을 잘 파악하므로, 그것이 상대방의 행복과 이어지지 않는다는 사실을 잘 이해하고 있습니다. 그래서 아무리 주변 사람들이 잘하고 있다고 말해줘도 계속 잘못된 점을 찾아내 자기혐오에 빠집니다. 자기혐오가 엄습해올 때는 깔끔하게 자신의 실수를 인정합시다. 그러면 '더는 쓸데없는 일을 하지 않겠어.' 하고 그저 묵묵히 상대방을 지켜봐줄 수 있게 됩니다. 자연스레 세계의 중심이 자신에게로 옮겨와 주변 사람들이 점점 행복해지며 자기혐오의 세계에서 해방됩니다. '괜한 짓을 했구나!' 하고 인정하는 것만으로 복잡하게 엉킨 자기혐오에서 벗어날 수 있습니다.

자신을 '빛나는 별'이라고 부른다

좋은 사람이 세계의 중심이 되기는 매우 어렵습니다. 평생 타인을 세계의 중심에 두고 살아와서 자신을 중심에 두는 습관이 없기 때문입니다. 거듭 말하지만 자신을 세계의 중심에 두지 않으면 세계는 뒤틀립니다. 빛나는 타인과 자신을 비교하며 스스로 가치가 없다고 생각하게 됩니다. 다른 사람이 훨씬 빛나기에 자신을 중심에 둘 가치가 없다고 여겨버립니다.

이럴 때 머릿속으로 자신을 '빛나는 별'이라고 불러봅시다. 이는 좋은 사람이 세계의 중심이 되기 위해 암시를 거는 단어입니다. 이렇게 암시를 걸면 자신은 빛나는 별이고, 주변 사람들이 그 빛을 받아 빛난다는 사실을 깨닫게 됩니다. 주변 사람들이 스스로 빛나는 것이 아니라, 내가 비추는 빛을 받아 빛나고 내 주변을 돈다는 사실이 눈에 들어옵니다. 그리고 자연스레 자신이 세계의 중심이 되며 자신을 위해 살아갈 수 있게 됩니다.

항상 남을 위해 무슨 일을 할 수 있을지 고민한다면 무엇보다 먼저 자신이 '빛나는 별'이라고 스스로 되뇌어보세요. 그 무엇보다 빛나는 자신이 중요하며, 상대에게 무언가를 해줄 필요가 없다는 사실을 깨달을 수 있습니다. 그렇습니다. 자신이 빛나면 상대방도 빛나게 됩니다. 상대방을 중심에 두었을 때 자신이 빛나지 않는 이유는 세계가 뒤틀리기 때문입니다. 스스로 빛나는 별이 되어 자신을 중심에 두고 불균형을 바로잡읍시다. 이런 습관을 들이면 주변 사람과의 거리감을 절묘하게 유지할 수 있으며, 좋은 사람의 빛을 받아 모두가 아름답게 빛나게 됩니다.

빛을 바라보며 계속해서 스스로 '빛나는 별'이라고 암시를 주면 더욱 멀리 떨어진 별까지 비출 수 있습니다. 그 많은 수에 놀라게 되실 겁니다. '내 주변에 이렇게 많은 사람이 있었다니!' 하고 말입니다. 지금까지 어두운 세계에 홀로 떨어진 외톨이라고 생각해왔겠지만 사실이 아닙니다. 자기 스스로 빛나는 별이 되어 뒤틀린 세계를 바로잡아 나가면, 자신의 빛을 받아 빛나는 주변 사람들의 존재를 비로소 발견하게 됩니다. 또한, 나는 혼자가 아니라는 사실을 실감할 수 있습니다. 자신의 발밑만 비추던 좋은 사람이 스스로를 빛나는 별이라 생각하고 세상을 향해 빛을 내뿜으면 자기 자신을 중심으로 많은 사람을 끌어들일 수 있습니다.

자신의 즐거움만을 추구한다

친구나 직장, 가족 사이에서조차 그들과 어떻게 관계를 맺으면 좋을지 몰라 고민할 때가 있습니다. 여기서 먼저 알아두어야 할 사실은 이미 그렇게 생각하는 시점에서 상대방이 세계의 중심이 된다는 점입니다. 상대방의 기분을 생각하여 그의 입장에 섰기 때문에 세계가 뒤틀리는 현상이 발생합니다. 그러니 관계를 어떻게 맺어야 할지 모르는 게 당연합니다. 그런 방식으로는 어떻게 관계를 맺더라도 상대방이 불행해지기 때문입니다. 좋은 사람이 세계의 중심이 되어 행복해지지 않으면 상대방은 빛날 수 없기에 조금씩 불행해집니다. 좋은 사람은 그 사실을 잘 알기 때문에 관계 맺기를 어려워합니다.

이처럼 관계 맺기를 어려워하는 사람이 자신을 세계의 중심에 놓기 위한 좋은 방법이 있습니다. 먼저 상대와 만나는 상황을 떠올리며 2장에서 말했던 쾌/불쾌 스위치를 점검해봅시다. 불쾌하다면 다가가지 않는 것이 자신을 세계의 중심에 놓기 위한 첫걸음입니다. 만일 상대방과 만나고 싶은 마음이 든다면, 다음 단계로 상대와 만났을 때 어떻게 해야 기분이 좋을지 확인해봅시다. 자신을 세계의 중심에 두기 위한 중요한 작업입니다. 기분이 나쁘다면 하지 맙시다. 좋은 것만 선택해나간다면 조금씩 중심에 가까워질 수 있습니다. 상대방과의 관계가 지금까지 상상할 수 없던 방향으로 전개될 것입니다.

한 남성이 아내가 항상 기분이 안 좋은데 어떻게 대하면 좋을지 모르겠다며 상담을 신청했습니다. 그는 자신이 항상 아내를 최우선으로 생각해왔지만 아내의 기분이 계속해서 안 좋아질 뿐이라며 고민했습니다. 아내는 남편이 타인의 이야기를 듣지 않으며 자신의 기분을 몰라준다고 나무랐습니다. 그는 좋은 사람이므로 아내가 이런 이야기를 했을 때도 주의를 기울였지만, 아내는 전혀 만족하는 기색 없이 기분만 더 안 좋아졌습니다.

여기서 아내와 이야기하는 것이 쾌/불쾌 어느 쪽인지 스스로 확인해봤습니다. 불쾌하다고 판단했기 때문에 아내에게는 미안하지만 거리를 두기로 했습니다. 그러자 항상 기분이 안 좋던 아내가 오히려 좋은 사람에게 먼저 다가왔습니다. 이때 아내와 대화하는 것이 쾌/불쾌 어느 쪽인지 생각해보니 불쾌하지 않았기에 다시 이야기를 시작했습니다. 더 나아가, 자신이 말할 때보다 아내의 이야기를 들을 때 기분이 더 좋다는 사실을 깨닫고 아내의 이야기에 귀를 기울였습니다.

그러자 지금까지 모질게 굴어서 미안했다며 아내가 사과를 해왔습니다. 물론 그는 무척 놀랐습니다. 그동안 아내를 만족시키지 못해 고통받아 왔다고 생각했는데, 자신이 세계의 중심이 되어보니 잘못된 생각이었습니다. 좋은 사람이 자기답게 살아가면 상대방 역시 활력이 넘치는 사람으로 거듭납니다. 자신을 세계의 중심에 두기 위해 쾌/불쾌 스위치를 자유자재로 다루는 연습을 하다 보면, 자신이 주변 사람들을 비추어 아름답게 빛나게 한다는 사실을 깨달을 수 있습니다.

곤경에 빠진 사람을
돕는 대신 지켜봐준다

누구라도 자신의 가치를 확인할 때는 남과 비교하거나, 주변 사람에게 얼마나 도움이 되는지 등을 기준으로 삼기 쉽습니다. 하지만 그런 기준은 타인을 세계의 중심에 두는 것과 마찬가지입니다. 세계가 뒤틀리고 자신이 가치 없는 사람이라는 생각이 들며, 점점 세계의 중심에서 멀어지게 됩니다.

특히, 좋은 사람은 스스로 가치를 이끌어내기 어려워하는 탓에 타인에게 좋은 사람이 되는 방식을 포기하지 못합니다. 가치가 없다고 생각하는 자신에게서 조금이라도 가치를 찾아내고자 좋은 사람이 되지만, 오히려 그로 인해 가치가 더욱 떨어지며 좋은 사람을 그만둘 수 없게 됩니다. 다른 사람을 기준으로 삼으면 세계가 뒤틀리므로 모두가 불행해진다는 사실을 좀처럼 깨닫지 못합니다.

　여기서 자신의 가치를 의식하는 연습을 해봅시다. 남에게 어떻게든 도움이 되고 싶다는 생각이 들 때면 아무것도 하지 말고 그저 상대방을 지켜봐봅시다. 그러면 곤경에 처했다고 여겨지던 상대가 돌연 빛나는 사람으로 바뀌어갑니다. 상대방 중심으로 움직이지 않고 그저 지켜보기만 해도 상대가 알아서 불행에서 빠져나와 행복해진다는 사실을 알 수 있습니다. 좋은 사람이 되어 상대방을 위해 최선을 다하던 때는 전혀 몰랐을 것입니다. 아무것도 하지 않고 그저 바라보며 기다리면 상대방도 변하고, 자신의 가치도 올바르게 의식할 수 있게 됩니다. 나로 인해 상대방이 빛난다는 사실을 실감할 수 있기에 비로소 자신의 가치를 확인할 수 있습니다.

　아무것도 하지 않고 그저 거기에 존재하며 지켜보는 것만으로 모두가 자유로워지며 점점 행복해집니다. 이때 모두가 뻔뻔하다며 질투 섞인 감정을 보인다면 그것이야말로 자신의 가치가 드러났다는 증거입니다. 자신에게 가치가 있기에 주변 사람들도 그 영향을 받아 빛을 발합니다. 이렇게 좋은 사람은 아무것도 하지 않고도 자신의 가치를 확인할 수 있습니다.

자신을 위한 시간을 늘린다

좋은 사람이 스스로를 '빛나는 별'이라고 자각하기 위해서는 남을 위해 움직이거나 남을 생각하는 시간을 줄이는 연습이 필요합니다. 이렇게 남을 위해 쓰던 시간을 자신을 위해 쓰면 활기를 되찾게 됩니다. 활기가 넘치면 자신의 가치를 확인할 수 있습니다.

좋은 사람은 항상 다른 사람만을 생각합니다. 남 생각을 한다고 깨닫는 순간 이 시간을 나를 위해 쓰자고 생각을 바꿔 봅시다. 나를 위해 하고 싶은 것이 무엇인지 솔직하게 생각해 봅시다. 남을 위해 쓰던 시간을 의식적으로 나를 위해 쓰는 시간으로 바꾸면 금세 활기를 되찾을 수 있습니다. 그러면 주변 사람들도 행복해집니다. 주변 사람들이 행복해질수록 자신을 위해 시간을 쓰는 연습이 더욱 중요해집니다.

주변 사람들에게 "요즘 활기 넘치는데?"라는 소리를 들으면 합격입니다. 활기가 넘친다는 말은 내가 세계의 중심에 있다는 뜻입니다. 운동을 해서 근육이 알맞게 붙으면 몸이 아름다워지며 멋진 사람이 되는 흐름과 마찬가지입니다. 이처럼 활기차게 행동하는 연습을 거듭하여 세계의 중심이 되면 아름답게 균형 잡힌 세계가 보이기 시작합니다.

이 연습의 요령은 좋은 사람이 되려는 순간 마음속으로 '잠깐!'을 외치는 것입니다. 그리고 '이 시간을 나를 위해 쓰자'라고 되뇌고, 마음속에 떠오르는 일을 곧장 실행합니다. 보통 사람에게는 간단한 일일지 모르지만 좋은 사람에게는 가혹한 연습이 될 수도 있습니다. 항상 다른 사람을 생각하고, 남을 위해 시간을 써왔기 때문입니다. 서서히 근육을 붙이듯이 포기하지 않고 꾸준히 연습하여 세계의 중심을 조금씩 자신에게로 가져옵시다. 마침내 주변 사람들이 빛을 내뿜기 시작한다고 느끼면 성공입니다. 좋은 사람이 빛나면 모두가 그 빛을 받아 행복해집니다.

6

미움받을 용기를 기르는 법

자기중심을 찾아가는 과정에서
질투를 가장 많이 받는다

좋은 사람을 그만둘 수 없는 이유 중 하나는 자신을 세상의 중심에 두었을 때 주변 사람들이 보내는 부정적인 시선, 즉 질투 때문입니다. 질투는 본능적으로 '저 녀석만 자신을 중심에 두다니 치사하다!'라는 생각에 뇌가 자극을 받으며 발생합니다. 이때 질투하는 상대에게 영향을 받으면 마치 벌을 받는 느낌이 들어, 자신을 세상의 중심에 놓아서는 안 된다고 생각하게 됩니다. 자신을 세상의 중심에 두고 자유로워졌다가도 주변 사람들이 질투를 하면 다시 예전 상태로 되돌아옵니다.

좋은 사람이 자신을 중심에 두고 살면서 행복해져 조금이라도 빛이 나면, 주변 사람들이 질투하기 시작합니다. 이에 그치지 않고 파괴적인 인격을 가진 사람으로 변모하여 좋은 사람을 괴롭히기까지 합니다. 질투받는 사람이 이런 파괴적인 말과 행동에 직접 노출되면, 자신이 나쁜 짓을 했기 때문에 사람들이 이런 반응을 보인다고 생각하여 반성에 빠져듭니다. 결과적으로 자신을 중심에 두면 안 된다고 여기고, 다른 사람의 기분을 신경 쓰며 좋은 사람인 척하는 삶에서 벗어나지 못하게 됩니다. '자기중심적이다' 혹은 '제멋대로다'라는 말을 들을까 무서워 항상 타인을 중심에 두게 됩니다.

자신을 중심에 두었을 때 질투받는 현상에는 재미있는 패턴이 있습니다. 질투받는 사람 대부분이 어설픈 방식으로 자신을 중심에 두려 했다는 사실입니다. 자신의 마음을 원으로 표현한다고 해봅시다. 그 원의 중심이 자신을 중심으로 생각하는 마음입니다. 중심에서 밖으로 나갈수록 다른 사람을 생각하는 마음이 커지게 됩니다. 그런데 좋은 사람은 중심에 가까워질수록 질투받는다고 생각합니다. 중심을 자신만 생각하는 이기적인 상태로 여긴 것입니다. 그래서 적절히 균형을 맞추기 위해 자신과 더불어 남을 생각하다 보니 어느새 중심에서 벗어나게 됩니다.

사실은 반대입니다. 중심을 향해 갈수록 질투받지 않는 패턴이 숨어 있습니다. 좋은 사람은 이 사실을 모릅니다. 기억하세요. 자신을 온전히 중심에 두려고 할수록 질투의 영향에서 벗어날 수 있습니다.

다만 자기중심 상태를 지향하는 도중에는 주변으로부터 질투를 받을 수밖에 없습니다. 지금껏 자기중심 상태에 있지 않았기에 적응하는 데 많은 시간이 필요하기 때문입니다. 그 과정에서 주위 사람들은 질투와 괴롭힘, 험한 말들로 그를 다시 좋은 사람으로 되돌리려 합니다.

머릿속이 하얗게 되어 자신이 무엇을 하고 싶은지 알 수 없게 되는 경우도 자주 생깁니다. 주위 사람들의 질투에 크게 영향받기 때문입니다. 상대방이 질투한다는 사실 자체를 눈치채지 못하기에 좋은 사람은 자신이 거기에 영향받고 있음을 상상조차 못 합니다. 이럴 때는 나를 중심에 두면 나아진다는 사실을 믿는 수밖에 없습니다. 자기중심적으로 생각해나가면 조금씩 머릿속이 맑아지며 더욱 효율적으로 행동할 수 있습니다.

하지만 역시 남에게 괴롭힘을 당하거나 험한 말을 들으면 의기소침해집니다. 좋은 사람에게는 질투를 받는 상황이 무척 낯설기 때문입니다. 상대방은 나를 싫어하는 것이 아니라 순간적으로 질투하고 있을 뿐입니다. 굴하지 않고 자신을 중심에 두는 자세로 나아간다면 미움받는 공포에서 벗어날 수 있습니다. 원의 중심에 도달하면 상대방이 그저 잠시 질투했을 뿐이라는 사실을 알게 됩니다. 더는 주변 사람들도 질투하지 않으며 좋은 사람을 신경 쓰지 않고 담담하게 자신들의 삶을 살아갑니다.

발바닥의 감각으로
질투를 이겨낸다

다른 사람의 질투는 흔히 욕설과 험담, 괴롭힘 등으로 나타납니다. 때로는 충고, 주의, 걱정, 무시(무반응) 등으로 나타나기도 하는데, 이럴 경우 알아차리기가 어렵습니다. 이것이 질투인지 알 수 있는 유일한 방법은 상대가 말할 때 자신이 느끼는 감정을 확실히 확인하는 것뿐입니다. 이때 내가 잘못했다는 생각이 들어 의기소침해지거나, 불안감 때문에 불쾌한 감정에 휩싸인다면 상대방이 나를 질투하는 것입니다.

시간이 지나고 나서는 그때 왜 그런 말을 들어야 했는지 화가 치밀어 오르지만, 그런 말을 들은 순간에는 굳은 채로 아무 말도 할 수 없는 상태가 되어 자신이 잘못했다며 반성에 빠집니다. 이게 바로 질투를 받는다는 증거입니다. 왜냐하면 질투는 질투하는 사람의 뇌에서 발생한 과잉 전류가 그 사람의 언동과 함께 좋은 사람의 뇌로 흘러 들어와 감전되는 현상이기 때문입니다. 감전이 되면 몸이 굳어서 아무 말도 할 수 없거나, 어린아이처럼 자신이 나빴다고 자책하는 정신 상태로 되돌아갑니다. 왜 그런 말을 들어야 했는지 화가 나다가도 재차 자신이 잘못했다는 생각이 들어 반성을 되풀이하게 됩니다. 질투로 인해 이런 행동을 반복하는 중에 자기중심적인 태도를 잃게 됩니다. 정신을 차려보면 다시 좋은 사람으로 되돌아가 버린 후입니다.

이런 질투를 이겨내는 간단한 방법은 '발바닥의 감각을 확인하는 것'입니다. 제가 학생 시절 리포트를 쓸 때 갑자기 기숙사에 번개가 쳐서 몇 시간에 걸쳐 쓴 파일이 전부 날아가 버린 적이 있습니다. 저는 운이 없었지만 보통은 이런 일이 일어나지 않도록 전기를 지면으로 흘려보내는 접지 장치를 설치합니다. 질투도 마찬가지입니다. 상대가 질투를 하여 부정적인 영향이 내게 전해져왔을 때 발바닥을 통해 지면으로 흘려보내면 그만입니다. 상대방의 이야기를 듣지 말고 전류가 흘러나가는 발바닥의 감각에 집중하면 질투를 이겨낼 수 있습니다. 분노와 반성을 무한 반복하는 고통을 맛보지 않아도 됩니다. 머지않아 자신을 중심에 둘 수 있게 됩니다.

'말처럼 쉬울 리가 없잖아!'라고 생각한 분은 자신에게 험하게 말하는 사람을 떠올리고 발바닥에 신경을 집중하는 연습을 해봅시다. '내가 잘못했을지도 몰라'라는 생각이 들게 하는 상대와 이야기하는 장면을 떠올리며 지면에 밀착한 발바닥의 감각을 확인합니다. 신발을 신고 있더라도 발바닥을 통해 전류가 지면으로 흘러나가듯 질투의 감정도 간단히 씻어낼 수 있습니다. '특별히 나를 싫어하는 게 아닐지도 몰라'라고 생각할 수 있게 됩니다. 자신이 잘못했다는 생각이 들 때마다 어디서든 감정을 흘려보내는 연습을 해봅시다. 상대방이 질투할 때도 이렇듯 아무렇지 않게 흘려보내면 양쪽 모두의 마음을 모두 안정시키고 자기중심으로 돌아갈 수 있습니다.

이를 심리학으로 설명하면 '계통적 탈감작요법'이 됩니다. 실무를 받이 패닉 상태에 빠졌을 때 발바닥에 신경을 집중하여 마음을 안정시키는 연습을 되풀이하여, 안정을 질투에 조건화시킵니다. 그러면 질투를 받았을 때 발바닥을 의식하는 것만으로 조건화된 안정 효과가 나타나 침착하게 상대방을 바라볼 수 있습니다.

자신의 인력을 키워 싫은 사람을 멀리한다

누구에게나 상대하기 껄끄럽거나 싫은 사람은 있습니다. 하지만 좋은 사람은 껄끄럽거나 싫은 사람이 있어서는 안 된다고 생각합니다. 누구나 심성은 착하다고 생각하며, 누군가가 껄끄럽거나 싫은 건 자신의 마음이 삐뚤어졌기 때문이라고 착각합니다. 그런 식으로 생각하는 이유는 다른 사람들은 그 사람을 특별히 어려워하지 않는데 자신만 어려워한다고 느껴서입니다. 남들은 특별히 껄끄러운 사람 없이 담담히 살아가는데 자신만 유별난 게 아닌가 생각합니다. 기어코 자신이 이상한 것일지도 모른다고 생각해버립니다. 남들에게도 싫어하는 사람 한두 명쯤은 있다고 이야기해도 듣지 않습니다. 왜냐하면 좋은 사람은 은연중 자신과 보통 사람의 차이를 느끼고 있기 때문입니다.

보통 사람처럼 자기중심적으로 살면 필요한 사람은 다가오고 그렇지 않은 사람은 멀어집니다. 좋은 사람은 자기중심적으로 살지 않으므로 필요한 사람을 끌어당기는 인력이 작습니다. 그리고 인력이 작기 때문에 인력이 큰 사람(자기중심적이면서 상대하기 껄끄럽거나 싫은 사람)에게 끌려갑니다. 마음을 자기중심에 둘수록 인력이 커지므로 싫은 사람에게 끌려가지 않고, 자신에게 필요한 사람들이 주변에 모여듭니다. 그러나 그렇게 하지 못하기 때문에 자신이 싫어하는 인력이 큰 사람 주위를 맴돌게 됩니다.

자기중심적이 되면 껄끄러운 사람, 싫은 사람을 끌어들이지 않고 자연스레 적절한 거리를 유지할 수 있습니다. 담담히 생활하게 됩니다. 자기중심적으로 생활하고 우선순위에 자신의 기분을 두면 인력이 커져가는 것을 느낄 수 있습니다. 인력이 커지면 껄끄러운 사람과는 멀어지고 필요한 사람과 만날 수 있게 됩니다. 그러므로 껄끄러운 사람, 싫은 사람에게서 벗어날 수 없다고 생각된다면 필요한 사람을 끌어들이는 인력이 작다는 사실을 깨닫고, 태도를 조금씩 자기중심적으로 바꾸어 인력을 키우면 됩니다. 껄끄러운 사람, 싫은 사람이 멀어질 만큼 충분히 자기중심적인 사람이 되면 가장 소중한 사람이 다가오는 균형 잡힌 세계가 찾아올 것입니다.

싫어하는 기색이 태도에 드러나도 신경 쓰지 않는다

좋은 사람은 싫은 사람 앞에서도 싫은 내색을 하지 못합니다. 왜냐하면 모든 사람에게 좋은 사람이어야 하기 때문입니다. 그래서 '싫다'라는 자신의 감정을 무시하고 좋은 사람을 가장합니다. 그 순간 머릿속에서 모순이 일어나며 딱딱하게 굳어 버리고 맙니다. 겁을 먹고는 상대의 기분이 상하지 않도록 조심하게 됩니다. 싫다는 느낌을 무시하고 좋은 사람이 되면 머릿속에서 모순이 일어나 고통에서 벗어날 수 없게 됩니다.

여기서 인력을 키우면 싫은 사람이 다가오지 않는 재미있는 현상이 일어납니다. 그렇다면 어떻게 인력을 키울 수 있을까요? 의외로 방법은 무척 간단합니다. '싫은 건 싫은 거야!' 하고 자신의 감정에 솔직해지면 됩니다.

먼저 얼마나 싫은지 자신의 감정을 찬찬히 살펴봅시다. 너무 화가 나서 눈앞에서 사라져버렸으면 싶을 만큼 싫다면 그 감정을 그대로 인정합시다. '일이니까.' '인간관계는 소중하니까.' 같은 상식으로 자신의 싫은 감정을 덮어버리지 않도록 합시다. '싫은 건 싫은 거야!' 이런 마음가짐으로 충분합니다. 이런 마음이 태도에서 드러나도 좋습니다. 만일 미안한 마음이 든다면 상대방의 질투에 영향을 받고 있기 때문이라고 생각합시다.

이처럼 자신의 싫은 감정 자체를 소중히 여기면 자기중심적으로 살아갈 수 있게 되며, 싫어하는 사람이 자신에게서 멀어지는 신기한 일이 일어납니다. 자신을 중심에 두어 인력을 키우면 싫어하는 사람은 멀어지며, 자신에게 필요한 사람만이 모여들어 즐거운 세계가 만들어집니다.

남을 향한 질투는
만능감을 일깨운다

죄책감은 자신이 무엇이든 할 수 있으며 바꿀 수 있다는 만능
감에서 비롯됩니다. 과거에 한 일에 죄책감을 느끼는 건 바꿀
수 없는 과거를 바꿀 수 있다고 생각하기 때문입니다. 마찬가
지로 질투 역시 본능적으로 생기는 감정이므로 스스로 제어
할 수 없습니다. 그런데도 스스로 제어할 수 있다고 생각하는
만능감 때문에 죄책감이 생겨납니다. 반대로 생각하면 죄책감
이란 스스로 제어할 수 없는 상황을 제어하려고 할 때 생겨난다
고 말할 수 있습니다. 죄책감을 품으면 품을수록 만능감이 커
지는 악순환 때문에 계속해서 죄책감이 늘어갑니다.

만능감이 커질수록 죄책감에 고통받는 이유는 자기중심
적으로 살지 않기 때문입니다. 자기중심적으로 살지 않으면

타인을 중심으로 살게 됩니다. 그러면 세계가 뒤틀리며 만능감이 커지고 죄책감도 늘어납니다. 스포츠 경기를 보면서 "왜 지금 그런 플레이를 하냐고!" 한마디 하는 행동이 바로 만능감에서 나온다 할 수 있습니다. 이런 사람에게 만약 당신이라면 저 상황에서 제대로 된 플레이를 할 수 있겠냐고 물으면 절대 못 한다고 말할 것입니다. 마음을 자기중심에 두지 않고 타인에게 둘 때 이런 일이 일어납니다. 자신이라면 막연히 바꿀 수 있다고 생각해 손을 대고 맙니다. 그러고는 실패하여 죄책감을 느끼는 굴레에 갇히고 맙니다. 좋은 사람은 자신이 겸손하며 남을 배려한다고 생각하지만, 실은 만능감이 넘쳐 뭐든지 바꿀 수 있다고 생각하고 있습니다.

좋은 사람이 저지르는 가장 큰 실수는 남을 위해 겸허히 살아가야 한다는 생각 때문에 만능감을 키우는 일입니다. 만능감이 커지면 죄책감에 고통받고 서서히 자신을 부정하며 겸허한 자세를 갖추려는 악순환에 빠져듭니다. 그러므로 만능감에서 벗어나기 위해서는 자신이 무엇을 느끼고 있는지 끊임없이 되물어야 합니다. 죄책감을 품고 있으면 만능감이 커진다는 사실을 깨닫고 속으로 '자기중심!'이라고 외쳐봅시다. 그러면 뒤틀린 세계가 회복되며, 주위로 무엇 하나 제어할 필요 없는 세계가 펼쳐지는 광경을 볼 수 있습니다. 그 세계에서는 어떠한 죄책감도 없이 자유롭고 느긋하게 살아갈 수 있습니다.

억누르던 감정을 해방시킨다

좋은 사람은 주변 사람의 기분을 먼저 생각하기 때문에 자신이 화를 내면 상대방을 불쾌하게 만든다고 여겨 감정을 억누릅니다. 분노와 같은 부정적인 감정이 주변 사람을 불쾌하게 만든다는 생각에 집착합니다. 그러나 오히려 분노를 억누르면 세계가 뒤틀립니다. 상대방에게는 의지박약에 자기주장 못 하는 사람이라 취급받고 경멸당하며, 어떠한 말이나 행동도 전부 받아준다며 마구잡이로 이용당하는 악몽과 같은 현실을 마주하게 됩니다.

속에서 끓어오르는 감정은 자신의 감정이므로 이를 억누르면 상대방을 중심에 두게 됩니다. 언제 어느 때나 마찬가지로 자기중심에서 벗어나면 세계가 뒤틀리고 악몽에 갇히게 됩니다. 이때 자신의 감정을 소중히 여김으로써 자신을 중심에 둘 수 있습니다.

치밀어 오른 분노를 그대로 표현할 필요는 없지만 자신이 분노했다는 사실을 인정하고 중요하게 여겨봅시다. 분노를 느꼈을 때 일으킨 행동을 자책하지 않도록 합니다. 분노 같은 감정은 마치 방귀와 같은 생리 현상이므로 제어할 필요가 없습니다. 이를 다른 사람 앞에서 드러내도 괜찮은지는 별개의 이야기지만 끓어오르는 감정 자체는 제대로 인식하고 인정합시다. 그러면 그 감정이 좋은 사람의 세계를 회복해나갑니다. 분노가 오히려 불쾌한 사람과 거리를 두게 해줍니다. 자신을 이용하려는 상대방과 나 사이에 확실한 선을 그어줍니다.

자신을 중심에 두면 자신에게 딱 맞는 세계가 찾아올 것입니다. 이때도 좋은 사람은 주위 사람들에게 미안함을 느끼겠지만, 점차 자신을 중심에 두어 회복된 세계가 결국 모두에게 행복한 세계라는 사실을 깨닫게 될 것입니다. 자연스레 미안한 마음을 가질 필요가 없다는 사실도 깨닫게 됩니다.

두려워서 하지 못하던
일들을 해본다

좋은 사람이 가장 피하고 싶은 상황은 다른 사람에게 미움받는 상황입니다. 타인이 자신에게 화를 내거나 실망하거나 상대해주지 않는 상황을 무척 두려워합니다. 이런 일이 벌어지면 좋은 사람은 세상이 멸망한 듯이 절망합니다. 속으로 벌벌 떨면서 또다시 이런 일이 벌어지지 않도록 최선을 다해 남을 배려하며 살아갑니다. 하지만 주위 사람들은 그런 사실을 전혀 모른 채 그를 그저 기가 좀 약한 사람이라 생각합니다. 남에게 미움받을까 봐 두려워한다는 사실을 누구도 눈치채지 못합니다. 그러거나 말거나 좋은 사람은 자신이 두려워한다는 사실을 들켜서 받게 될 미움까지 걱정해 더욱 두려움에 떨기 일쑤입니다. 두려워하며 남을 배려하면 타인이 중심이 되므로 세계가 뒤틀리고, 상대의 태도가 점점 나빠지는 악몽 같은 현실이 펼쳐집니다.

가장 큰 문제는 모두가 행복하기를 바라더라도 세계가 뒤틀린 이상 행복해질 수 없다는 사실입니다. 좋은 사람이 제아무리 노력해도 모두 조금도 행복해지지 않고 불행해지기만 하는 현실이 눈앞에 펼쳐집니다. 모두가 행복해지려면 자신을 중심에 두면 되지만, 좋은 사람은 지금까지 계속 남의 기분만을 생각해왔기 때문에 어떻게 하면 자신을 중심에 둘 수 있는지 모릅니다.

이처럼 미움받을까 봐 두려워 자신을 중심에 두지 못할 때는 지금까지 두려워서 하지 못하던 일에 도전해보면 좋습니다. 두려워서 하지 못하던 일에는 남들이 질투할지도 모른다는 불안감이 숨어 있습니다. 좋은 사람은 질투와 미움과 같은 부정적인 평가를 받을 수도 있다는 생각에 제동이 걸려 주저합니다. 그러니 두려워서 하지 못하던 일을 찾아서 해보면 제동을 풀고 자신을 중심에 둘 수 있습니다.

모르는 사람이 많은 곳이 두려워 헬스장에 다니지 못하던 여성이 있었습니다. 그래도 자신을 중심에 두기 위해 두려움을 참고 헬스장에 나가기 시작했습니다. 얼마 지나지 않아 체형이 바뀌는 것을 본 주위 사람들이 걱정하듯 "갑자기 살이 빠졌네? 무슨 일 있어?"라고 물어왔습니다. 순간 머릿속이 하얗게 되어 자신이 몸에 나쁜 짓을 하는 건 아닐지 불안했지만 그녀는 이내 남들이 질투를 하고 있다는 사실을 깨달았습니다.

남들이 질투한다는 사실을 깨달은 그녀는 자신을 온전히 중심에 두기 위해 아랑곳하지 않고 계속해서 헬스장에 다녔습니다. 곧 그녀에게 영향을 받은 주위 사람들도 헬스장에 다니게 되었고, 모두 건강해졌습니다. 자신이 건강해지고 빛남으로써 주위 사람들도 점점 아름다워지는 것을 본 그녀는 자신이 원하던 일이 이루어졌음을 체감했습니다.

또, 영어로 말하기 두려워하던 남성이 있었습니다. 그는 영어 울렁증 때문에 나가지 못하던 영어 회화 교실에 도전해보기로 했습니다. 막상 시작해보니 영어 공부가 즐거워져 두근거리는 마음으로 다니게 됐습니다. 하지만 그의 애인은 영어 회화 따위에 돈을 낭비한다며 비난하듯 말했습니다. 돈 낭비일지도 모른다는 생각에 순간 불안하고 힘이 빠졌지만 그는 그것이 일종의 질투라는 사실을 금세 깨닫고 꾸준히 회화 교실에 나갔습니다. 그러자 어느새 애인도 라디오 영어 회화 강좌를 열심히 듣게 되었습니다. 여기에 한술 더 떠, 같이 해외여행을 가자는 말까지 꺼냈습니다. 구두쇠라 생각해온 애인이 같이 여행을 가자고 하더니, 가이드처럼 안내까지 해주는 등 믿을 수 없는 일이 눈앞에 펼쳐졌습니다. 두려워서 못 하던 일에 도전하는 것은 자신을 중심에 두고 질투를 이겨내며, 자신과 주위 사람 모두를 행복하게 만드는 첫걸음입니다.

강박적으로 타인의 행복을
바라는 당신에게

친절하고 좋은 사람의 장점은 타인의 행복을 진정으로 바라는 마음일지도 모릅니다. 하지만 타인이 행복하기를 바라는 마음 탓에 지나치게 상대방의 기분에 신경 씁니다. 그러면 세계의 중심이 타인에게로 이동해 세계가 뒤틀립니다. 좋은 사람의 바람은 오히려 모두를 불행하게 합니다. 그럼에도 좋은 사람은 되풀이하여 자신을 희생하면서까지 타인을 위해 최선을 다합니다. 그럴수록 세계는 더 뒤틀리며 상대방은 불행해지는 악순환에 빠져듭니다.

좋은 사람의 장점인 '진정으로 타인의 행복을 바라는 마음'을 제대로 살리려면 자신을 중심에 두어야 합니다. 남보다 자신의 기분을 더 소중히 여기도록 바꿔나가 봅시다. 어떤 감정이 생기더라도 억누르지 않고 그대로 인정하며 받아들이는 것입니다. 언제나 다른 사람에게 그래왔듯이 자신의 편이 되어 스스로 책망하지 않도록 지켜줍시다. 자신을 소중히 여기는 과정에서 다른 사람의 질투를 받아 불안해지거나 상황을 부정하고 싶어질 때도, 모두의 행복을 위해 계속 자신을 중심에 두어야만 합니다.

물론 이런 과정 속에서 주변 사람들이 좋은 사람을 이해하지 못할 수도 있습니다. 그러나 자기중심을 되찾기 위해 지금까지 두려워하던 일에 도전해보면 세계가 원래대로 돌아온다는 사실을 깨달을 수 있습니다. 싫어하는 사람이 자신에게서 멀어지며 꼭 필요한 사람이 다가와 함께 살아가는 기쁨을 느낄 수 있습니다. 게다가 싫어하던 사람들조차 좋은 사람에게서 멀어지는 순간 행복한 인생을 살게 됩니다.

좋은 사람은 누구의 불행도 바라지 않고 모두가 행복하기를 원하지만, 행복이란 좋은 사람이 제공하는 것이 아닙니다. 좋은 사람이 자신을 중심에 두고 살아갈 때 자연스레 찾아오는 것입니다. 모두를 행복하게 만들기 위한 노력을 멈추고 자신을 행복하게 할 때 흐름이 바뀌어 모두가 행복의 길을 걷게 됩니다.

약간의 문제가 있다면 모두가 행복해졌을 때 질투와 시기하는 마음이 생긴다는 것입니다. 하지만 그런 질투는 좋은 사람이 자기 자신에게 느끼는 감정입니다. 자신의 행복으로 하여금 모두가 행복해졌기 때문입니다. 이런 자신의 장점을 질투하며 계속해서 스스로를 더욱 질투할 만한 인생을 살아갑니다. 자신을 중심에 둔 채로 모두가 행복한 모습을 바라보면서 말입니다.

옮긴이   이건우

　　한국외국어대학교에서 일본어와 스웨덴어를 공부하고 도쿄와 스톡홀름에서 각각 1년씩 생활했다. 스톡홀름에 있는 동안에는 스톡홀름국제학교와 스웨덴한국학교에서 아이들에게 한국어를 가르쳤다. 일본과 북유럽의 문화 중 특히 음식, 카페, 디저트, 꽃과 식물 등에 관심이 많아 관련 도서를 기획·번역하고 있으며, 역서로는 『브로멜리아드 핸드북』『초크보이의 황홀한 손글씨 세계』『구두 손질의 노하우』 등이 있다.

잘해주고 욕먹는 당신에게

첫판 1쇄 펴낸날 2020년 6월 12일
    4쇄 펴낸날 2024년 6월 1일

지은이 오시마 노부요리
옮긴이 이건우
발행인 김혜경
편집인 김수진
책임편집 유승연
편집기획 김교석 조한나 문해림 김유진 곽세라 전하연 박혜인 조정현
디자인 한승연 성윤정
경영지원국 안정숙
마케팅 문창운 백윤진 박희원
회계 임옥희 양여진 김주연

펴낸곳 (주)도서출판 푸른숲
출판등록 2003년 12월 17일 제2003-000032호
주소 서울특별시 마포구 토정로 35-1 2층, 우편번호 04083
전화 02)6392-7871, 2(마케팅부), 02)6392-7873(편집부)
팩스 02)6392-7875
홈페이지 www.prunsoop.co.kr
페이스북 www.facebook.com/prunsoop   인스타그램 @prunsoop